事 例 に 学 ぶ

サイバー
セキュリティ

多様化する脅威への対策と法務対応

森・濱田松本法律事務所
弁護士

増島雅和 Masakazu Masujima
蔦 大輔 Daisuke Tsuta

経団連出版

はしがき

　近年のサイバー攻撃の複雑化・巧妙化により、あらゆる企業にとってサイバーセキュリティを確保するための対策の重要性が増しています。今やサイバーセキュリティは、情報システム部門等の一部門において対応すべき問題にとどまらず、全社的に組織として対応すべき経営課題の一つです。経済産業省や内閣官房内閣サイバーセキュリティセンター（NISC）、一般社団法人日本経済団体連合会などによる積極的な情報発信もあり、企業の中で組織的課題であることは浸透しつつあるものの、サイバーセキュリティを組織的課題として認識したうえで、具体的にどのような対策を行うべきか、また、サイバーインシデントに直面した際にどのように行動すべきかについて迷う声も多く聞かれます。

　また、職務としてサイバーセキュリティに携わることになった皆さんからは「何から手を付けていいのかわからない」という困惑の声をよく耳にします。ひとくちにサイバーセキュリティといっても、技術的な事項はもちろん、マネジメントの側面からもさまざまな論点があり、リスク管理、人材確保、法務対応、危機管理、労務管理といった異なる側面からの総合的な検討が必要となります。

　そこで、本書では、サイバーセキュリティが組織的課題であることを前提に、企業が行うべきサイバーセキュリティ対策を概説し、具体的なインシデント（内部からの情報持出し、マルウェア感染、DDoS攻撃、ビジネスメール詐欺等）の事例をあげながら、対応の手順や組織対応における勘所についてコンパクトに解説を加えつつ、あわせて、その際に留意しなければならない法的な観点を提示することをめざしました。

　本書は、大きく分けて、

①インシデント対応の総説を含むサイバーセキュリティに関する総論（第
　1章）

②インシデントの類型と関連する法制度、対応のポイント、予防策（第2章〜第10章）

　③インシデント予防のための平時からの対策（第11章）

の3つから構成されます。

　本書が、法務部はもちろん、情報システム関連部署やインシデント対応チームの方々など、サイバーセキュリティの実務に携わる多くの方のお役に立つものとなれば大変嬉しく思います。

　本書の執筆にあたっては、桑原俊氏（内閣官房内閣サイバーセキュリティセンター（NISC）上席サイバーセキュリティ分析官）、桑山耕平氏（同 参事官補佐）、真鍋敬士氏（一般社団法人JPCERTコーディネーションセンター常勤理事・CTO）、および佐々木勇人氏（同 早期警戒グループマネジャー）からお力添えをいただきました。同氏らは、筆者の一人である蔦がNISCで執務していた際の後任、同僚またはカウンターパートであり、サイバーセキュリティに関する豊富な実務経験や深い知見に基づき、有益なご助言を多数頂戴しました。本書の刊行にあたって、ご配慮、ご協力をたまわりました皆様に、この場を借りて深く御礼申し上げます。

2020年11月
森・濱田松本法律事務所
弁護士　増島雅和
弁護士　蔦　大輔

目次

第2章　電子メール等の誤送信

第7章　フィッシング

第8章　ビジネスメール詐欺

第9章　ウェブサイトへの不正アクセス・改ざん

第10章 委託先の管理とサプライチェーン・リスク対策

第11章 平時からのインシデント予防策

コラム

カバーデザイン──竹内雄二

第**1**章 総　説

1　サイバーセキュリティインシデントの現状

　サイバー攻撃は年々複雑化・巧妙化しており、あらゆる企業がいつ被害に遭ってもおかしくない状況にあります。

　独立行政法人情報処理推進機構（IPA）が公開した「情報セキュリティ白書2020」によれば、報道された日本のセキュリティインシデント件数は、2018年が306件、2019年が458件と、数字だけを見れば少なく感じられますが、これはあくまで氷山の一角であり、報道されていないインシデント、また、企業が検知・認識すらできていないインシデントの数はもっと大きいと考えられます。

　また、特定非営利活動法人日本ネットワークセキュリティ協会（JNSA）が公開した「2018年情報セキュリティインシデントに関する調査報告書【速報版】」によれば、個人情報漏えいに関するインシデントに限定されたものではありますが、インシデント件数は443件、JNSAが策定した損害賠償額算定モデルに基づく想定損害賠償額は、1件あたり約6億円という試算が出されており、ひとたびインシデントが発生してしまうと、大きな被害が生じることとなります。

　サイバーセキュリティに関するインシデント、サイバー空間における脅威としてはさまざまなものがあげられ、それらを考えるためには、前提として、「サイバーセキュリティ」とは何かを述べる必要があります。

2 サイバーセキュリティとは

(1) サイバーセキュリティ基本法

「サイバーセキュリティ」という単語については、明確な定義はありません。文脈によって意味が異なることがあり、たとえば、外部からのサイバー攻撃への対策という意味でサイバーセキュリティという単語が用いられることもあります。

本書では、サイバーセキュリティ基本法（平成26年法律第104号、以下「基本法」という）2条に定義されている「サイバーセキュリティ」を前提としています。

この法律は、サイバーセキュリティを、「…電磁的方式[*1]…により記録され、又は発信され、伝送され、若しくは受信される情報の漏えい、滅失又は毀損の防止その他の当該情報の安全管理のために必要な措置並びに情報システム及び情報通信ネットワークの安全性及び信頼性の確保のために必要な措置（情報通信ネットワーク又は電磁的記録媒体を通じた電子計算機に対する不正な活動による被害の防止のために必要な措置を含む。）が講じられ、その状態が適切に維持管理されていること」と定義しています。

むずかしく書いてありますが、要するに、①データ、②情報システム、③情報通信ネットワークを安全に保つための対策を講じて、それを維持することを意味しており、かなり広い定義であるといえます。

(2) 法律上の定義の特徴

定義に関するポイントとして、以下の点があげられます。

❶保護客体となる「情報」

「情報」には形がありません。何らかの記録媒体に保存されたデータはもち

---

1 電子的方式、磁気的方式その他人の知覚によっては認識することができない方式。

ろん、誰かが発した言葉や、人の脳の中に記憶されているものも「情報」にあたります。サイバーセキュリティの文脈において保護対象となる「情報」は、電磁的方式によりやり取りされるもの、つまり、サーバや端末、記録装置などの記録媒体に保存されたデータに限定されています。

たとえば、重要人物が記憶している機密性の高い情報を脅迫や欺罔などの不正な手段によって聞き出す行為（たとえば、技術者の弱みにつけ込んで脅迫し、新しい技術や今後の開発方針といった情報を聞き出すなど）への対策は、明確にサイバーセキュリティから除かれていることとなります。こうしたものは、不正競争防止法などの他の法律によって規律されるものであり、サイバーセキュリティのスコープからは外れるということです。

❷外部からのサイバー攻撃への対策とは限らない

サイバーセキュリティ対策という場合、外部からのサイバー攻撃に対してファイアウォールの構築などの技術的な手段によって対策を行うといった方策を思い浮かべる方も多いと思いますが、基本法はそのような限定をしていません。

外部からのサイバー攻撃（サイバーテロ、サイバー諜報活動（サイバーインテリジェンス、サイバーエスピオナージ）を含む）への対策はもちろんのこと、ほかにも、たとえば、企業の従業員による機密性の高い情報（データ）の不正な持出し等の内部不正への対策、不正送金への対策などもサイバーセキュリティに含まれます。

さらに、基本法の定義には、情報システムの安全性および信頼性の確保のための対策も該当しますので、天災や何らかの人為ミスによって企業の情報システムに障害が発生した場合に、それを迅速に復旧するための措置についても、基本法にいうサイバーセキュリティに含まれることとなります。

システム障害への対策とサイバーセキュリティという単語の結びつきには違和感があるかもしれませんが、サイバー攻撃にせよ、システム障害にせよ、それらによって情報システムに異常が発生すれば、その企業が提供するサービスの継続に支障が生じ、サービスを受ける人々に被害が生じるおそれがあ

ります。情報システムの安全性、信頼性を向上させることによって、何らか
のトラブルがあったとしても、サービスの提供を継続する、または、一部の
サービスを中断せざるをえないとしても、中核となるサービスの提供につい
ては可能な限り維持するなどして、おのおのの企業が有する役割を果たすこ
とが重要となるのです。

　この点に関連して、政府が定めるサイバーセキュリティ戦略（2018年閣議
決定）においては、「任務保証^{*2}」が重要な視点の一つと位置づけられています。

　任務保証とは、「企業、重要インフラ事業者や政府機関に代表されるあら
ゆる組織が、自らが遂行すべき業務やサービスを「任務」と捉え、係る「任
務」を着実に遂行するために必要となる能力及び資産を確保すること」をい
います。サイバーセキュリティに関する取組みそのものを目的化するのでは
なく、おのおのの組織の経営層・幹部が、「任務」に該当する業務やサービ
スを見定めて、その安全かつ持続的な提供に関する責任を全うするという考
え方とされています。

❸サイバー攻撃はインターネットを通じた攻撃だけではない

　基本法の定義における「情報通信ネットワーク又は電磁的記録媒体を通じ
た電子計算機に対する不正な活動」という文言は、サイバー攻撃を念頭に置
いたものであり、これによる被害を防ぐために必要な措置を講じ、維持する
こともサイバーセキュリティの定義に含まれます。

　サイバー攻撃というと、典型的には、インターネットを通じて攻撃を仕掛
けてくる手段があげられますが、基本法の定義は、「電磁的記録媒体を通じた」
ものも含まれています。インターネットに接続されていないスタンドアロー
ンの端末に対しては、サイバー攻撃はできないというイメージがあるかもし

---

2 サイバーセキュリティ戦略本部が策定する「重要インフラの情報セキュリティ対策に係る第4
　次行動計画」においても、「機能保証」が求められている。機能保証とは、「各関係主体が重要イ
　ンフラサービスの防護や機能維持を確約することではなく、各関係主体が重要インフラサービス
　の防護や機能維持のためのプロセスについて責任を持って請け合うことを意図している。すなわ
　ち、各関係主体が重要インフラ防護の目的を果たすために、情報セキュリティ対策に関する必要
　な努力を適切に払うことを求める考え方」であるとされており、サイバーセキュリティ戦略にお
　ける「任務保証」と趣旨は同じとされている。

れませんが、必ずしもそうではありません。たとえば、インターネットにつながっていない制御系のシステム（工場の機械の制御など）であっても、それを標的として、制御のための端末にUSBメモリなどの外部記録媒体を差し込み不正なプログラムを実行するという場合もあります。

　基本法は、このような攻撃の態様もサイバー攻撃として捉えています。具体例としては、2010年に発見された、イランのウラン核濃縮施設に対する攻撃に用いられたマルウェア「Stuxnet」<ruby>Stuxnet<rt>スタックスネット</rt></ruby>が有名です。これはかなり特殊な事例ではありますが、インターネットに接続されていない制御用の端末がある場所に物理的に侵入してUSBメモリ等を用いて不正プログラムを実行させるという手段もサイバー攻撃の方法としてありうるということです。

　つまり、サイバーセキュリティ対策を行うためには、物理的なセキュリティ対策も重要なのです。

(3)　情報セキュリティとサイバーセキュリティ

❶「情報セキュリティ」とは

　データなどのセキュリティを保つための対策を表す言葉としては、サイバーセキュリティという単語のほかに、「情報セキュリティ」も従来から広く用いられてきました。たとえば、情報セキュリティマネジメントシステム（ISMS）に関する規格であるISO/IEC27000シリーズに基づき制定されたJISQ27000：2019では、情報セキュリティを「情報の機密性（Confidentiality）、完全性（Integrity）および可用性（Availability）を維持すること」と定義しています（これらの頭文字をとって「情報のCIA」と呼ばれることもある）。機密性とは、正当な権限を有する者だけが情報にアクセスできること、完全性とは、情報が破壊、改ざんまたは消去されていないこと、可用性とは、情報に対して必要時に中断することなくアクセスできることをいいます。

　また、日本のサイバーセキュリティ政策を担う政府機関も、かつては「情報セキュリティ」という単語を用いていました。現在は、基本法に基づき設

置されたサイバーセキュリティ戦略本部およびその事務局である内閣官房内閣サイバーセキュリティセンター（NISC）[*3]がありますが、NISCは、基本法制定前は「内閣官房情報セキュリティセンター」（旧NISC）[*4]という名称の組織でした。[*5]

　近年では、安心・安全なサイバー空間を維持する方策が必要という観点から、「サイバーセキュリティ」という単語が用いられることが増えており、基本法において「サイバーセキュリティ」という定義が置かれたこともあり、官民データ活用推進基本法（平成28年法律第103号）、情報処理の促進に関する法律（昭和45年法律第90号）をはじめ、さまざまな法律で「サイバーセキュリティ」の定義が引用されています。

❷情報セキュリティとサイバーセキュリティの異同

「情報セキュリティ」と「サイバーセキュリティ」は、基本的には異なる意味ではないと考えられています。上記の「情報のCIA」も、基本法の定義にいう「情報の漏えい、滅失又は毀損の防止その他の当該情報の安全管理のために必要な措置」に含まれていると考えられますので、相当な部分が重複しているといえます。

　しかし、サイバーセキュリティは、情報以外にも情報システム、情報通信ネットワークを明確に保護客体としていますので、情報セキュリティよりも広い概念として見ることも可能です。一方で、サイバーセキュリティにおける「情報」には、データ以外の情報が含まれず、データ以外の情報に関するセキュリティを保つという意味では、サイバーセキュリティではないが情報セキュリティに含まれる場合もあります。このように、両者は厳密にはまったく同じというわけではないともいえます。

---

3 National center of Incident readiness and Strategy for Cybersecurity の略。

4 National Information Security Center の略

5 情報セキュリティセンターが、内閣サイバーセキュリティセンターとなり、サイバーセキュリティ戦略本部の事務局としての業務を担うようになったあとも、同本部は、「政府機関等の情報セキュリティ対策のための統一基準群」「重要インフラの情報セキュリティ対策に係る第4次行動計画」など、「情報セキュリティ」という単語を用いた文書を引き続き公開している。

3 わが国のサイバーセキュリティ関係機関

わが国においては、さまざまなサイバーセキュリティ関係機関がさまざまなサイバーセキュリティに関する資料等を公開しているため、役割分担がわかりづらい側面があります。そこで以下では、わが国における主なサイバーセキュリティに関係する公的機関の主な役割とその公表物を簡単に紹介します。

【サイバーセキュリティ戦略本部】

基本法25条に基づき内閣の下に設置されるサイバーセキュリティ政策を推進するための機関。定期的にサイバーセキュリティ戦略本部会合を開催しています。

〔主な公表物〕

- サイバーセキュリティ戦略（案を作成）[6]
- 年次報告、年次計画（最新版は「サイバーセキュリティ2020」）
- 政府機関等の情報セキュリティ対策のための統一基準群[7]
- 重要インフラの情報セキュリティ対策に係る第4次行動計画

【NISC】

サイバーセキュリティ戦略本部の事務局を務める内閣官房の一機関。サイバーセキュリティ戦略本部の事務局として、同本部による決定文書のドラフトやウェブサイトでの公表なども行っています。

〔主な公表物〕

- インターネットの安全・安心ハンドブック
- サイバーセキュリティ関係法令Q&Aハンドブック

【総務省】

インターネットの基礎となる情報通信に関して電気通信事業法を所管して

---

6 サイバーセキュリティ戦略は、内閣として閣議決定される。
7 政府機関等の対策基準策定のためのガイドラインについては NISC が決定する。

おり、IoT^{*8}機器など情報通信の観点からサイバーセキュリティ政策に取り組んでいます。「サイバーセキュリティタスクフォース」においてさまざまな公表物等を公開しています。

〔主な公表物〕
- IoT・5Gセキュリティ総合対策2020
- サイバーセキュリティ対策情報開示の手引き
- テレワークセキュリティガイドライン（第4版）

【経済産業省】

　情報処理技術や産業振興の観点からサイバーセキュリティ政策に取り組んでいます。「産業サイバーセキュリティ研究会」などを通じてさまざまなガイドライン等を公開しています。

〔主な公表物〕
- サイバーセキュリティ経営ガイドラインVer2.0（IPAとの連名）
- 情報セキュリティサービス基準
- サイバー・フィジカル・セキュリティ対策フレームワーク
- 情報セキュリティ管理基準、情報セキュリティ監査基準
- システム管理基準、システム監査基準
- グループ・ガバナンス・システムに関する実務指針（グループガイドライン）

【警察庁】

　サイバー犯罪の取締りという観点からサイバーセキュリティ対策に取り組んでいます。関係の深いサイバー犯罪対策を行う団体として、一般財団法人日本サイバー犯罪対策センター（JC3）があげられます。

【国立研究開発法人情報通信研究機構】（NICT）
エヌアイシーティー

　サイバーセキュリティに関する研究はもちろん、人材育成のためのナショ

---

8 Internet of Things の略。あらゆるモノがインターネットを通じてつながることによって実現する新たなサービス、ビジネスモデル、またはそれを可能とする要素技術の総称をいう（サイバーセキュリティ戦略本部「サイバーセキュリティ2020」332頁）。

ナルサイバートレーニングセンターなどが設置されています。また、実践的サイバー防御演習「CYDER」(Cyber Defense Exercise with Recurrence)を開催しています。

【独立行政法人情報処理推進機構】(IPA)

　内部組織としてセキュリティセンターが設置されており、サイバーセキュリティに関する情報共有体制「J-CSIP」(Initiative for Cyber Security Information sharing Partnership of Japan)、インシデント対応の手助けを行うサイバーレスキュー隊「J-CRAT」(Cyber Rescue and Advice Team against targeted attack of Japan)、クラウド安全性評価制度「ISMAP」(Information system Security Management and Assessment Program)な

コラム1　サイバーセキュリティに関する権限の一元化

　基本法は、民間事業者に対して、努力義務としてサイバーセキュリティに関する責務を規定するものではありますが、具体的に何らかの権利義務を付与する法律ではありません。また、日本のサイバーセキュリティ政策について主導的な役割を担うNISCも民間事業者に対して行政指導や勧告・命令といった何らかの法執行権限を持つものではありません。

　このような状況を踏まえ、今日では、法執行権限を含むサイバーセキュリティに関する権限を一元的に集約した組織を設立すべきではないかという意見もみられます。

　たとえば、公益財団法人笹川平和財団安全保障事業グループは、2018年10月に「日本にサイバーセキュリティ庁の創設を！」という政策提言をとりまとめています。

　また、一般社団法人日本経済団体連合会も、2018年5月に「デジタルエコノミー推進に向けた統合的な国際戦略の確立を」という提言をとりまとめ、その中に、サイバーセキュリティを含む情報関連分野を統廃合した「情報経済社会省（デジタル省）」への統合が盛り込まれるなど、サイバーセキュリティ（または情報関連分野）を統一的に取り扱う省庁の存在が求められつつあります。

　2020年9月、サイバーセキュリティ戦略本部長であった菅義偉内閣官房長官が内閣総理大臣となり、2021年にデジタル庁を設立する旨の意向が示されています。現時点での報道によれば、デジタル庁の機能として想定されているものの中にサイバーセキュリティは明確には含まれておらず、デジタル庁の所掌事務とサイバーセキュリティとの関係性は明らかではありません。

ど、サイバーセキュリティに関するさまざまな取組みを行っています。

〔主な公表物〕

- 中小企業の情報セキュリティ対策ガイドライン（第3版）
- サイバーセキュリティ経営ガイドラインVer2.0実践のためのプラクティス集（第2版）

【一般社団法人JPCERTコーディネーションセンター】（JPCERT/CC）

　サイバーセキュリティに関する専門機関であり、非営利組織として活動しています。インシデントへの対応やわが国におけるCSIRT（Computer Security Incident Response Team：サイバーセキュリティに関するインシデントに対処するための組織またはその機能のこと）の窓口などを務めています。また、インシデント対応の窓口を設ける等して相談の受付体制を整えています。

4　組織が直面する可能性があるインシデント

（1）　インシデントの定義等

　サイバーセキュリティの定義が非常に広いことは前述のとおりですが、サイバーセキュリティに関するインシデントとしても、サイバー攻撃に起因するものに限られません。

　インシデントとは、事件・事故・事象などの総称ともいえる幅広い概念であり、たとえば、ISO22300：2012（社会セキュリティ用語）では、「中断・阻害、損失、緊急事態もしくは危機になりうるまたはそれらを引き起こしうる状況」と定義されています。

　基本法では、いくつかの条文で、「サイバーセキュリティに関する事象」という文言が使われており、ここにいう「事象」は、インシデントそのものを指すものとは限りませんが、少なくともそれを念頭に置いたものといえます。

　具体的にどのようなインシデントが組織や個人にとって大きな脅威になっ

図表1-1　組織向け、個人向けの脅威

組織向け脅威		個人向け脅威
標的型攻撃による機密情報の窃取	1	スマートフォン決済の不正利用
内部不正による情報漏えい	2	フィッシングによる個人情報の詐取
ビジネスメール詐欺による金銭被害	3	クレジットカード情報の不正利用
サプライチェーンの弱点を悪用した攻撃	4	インターネットバンキングの不正利用
ランサムウェアによる被害	5	メールやSMS等を使った脅迫・詐欺
予期せぬIT基盤の障害に伴う業務停止	6	不正アプリによる被害
不注意による情報漏えい	7	ネット上の誹謗中傷・デマ
ウェブサービスからの個人情報窃取	8	インターネット上のサービスへの不正ログイン
IoT機器の不正利用	9	偽警告によるインターネット詐欺
サービス妨害攻撃によるサービス停止	10	ウェブサービスからの個人情報窃取

ているかについては、IPAが毎年定期的にまとめている「情報セキュリティ10大脅威」が参考になります。「情報セキュリティ10大脅威2020」では、組織向け、個人向けの脅威として、**図表1-1**があげられています。

　サイバーセキュリティに関するさまざまなインシデントについての確立した分類法はありません。何を契機とするかという観点から、①サイバー攻撃をはじめとする悪意ある外部の第三者による行為に起因するインシデント、②内部不正など、組織内の者による故意または過失による行為に起因するインシデント、③天災等に起因するインシデントの3種類に分類して考えるとわかりやすいでしょう。

(2)　悪意ある外部の第三者による行為に起因するインシデント

　いわゆるサイバー攻撃に起因するものを含め、多くのインシデントがここに含まれると考えられます。

　ひとくちにサイバー攻撃といっても、その攻撃を行う主体や目的はさまざまです。以下では、近年の主なサイバー攻撃の事案、サイバー攻撃の主体、サイバー攻撃の目的に分けて簡単に概説します。

コラム2　公安調査庁を含むインテリジェンス機関とサイバーセキュリティ

　2020年6月に公安調査庁が「サイバー攻撃の現状2020」を公開しました。公安調査庁は、公共の安全に影響を及ぼす国内外の諸情勢に関する情報の収集および分析に取り組むなどして公共の安全の確保をはかることを任務とする法務省の外局です。

　なぜ公安調査庁がサイバー攻撃に関する資料を公開したのでしょうか。わが国のサイバーセキュリティ政策の推進体制についてはすでに述べたとおりですが、サイバーセキュリティは、国家安全保障にも大きな関わりがあり、サイバーの観点からの諜報活動、いわゆるサイバーインテリジェンス、サイバーエスピオナージへの対策も重要です。そのことは、基本法の目的にわが国の国家安全保障が含まれていることからも明確に表れています。こうした諜報活動に関しては、わが国の情報機関（インテリジェンス機関）が対策等を行っており、内閣官房内閣情報調査室（内調）、警察庁、外務省、防衛省、公安調査庁などが中心的な役割を担っています。

　サイバーセキュリティに関する政策という際には、国家安全保障のための政策と、企業または個人がその権利利益を守ることを通じて利益を最大化するための政策という大きく分けて2つの観点があります。私たちが普段耳にするサイバーセキュリティに関する課題や対策の多くは、後者に着目したものとなっていますが、その背後には、国の存立基盤を維持するという国家安全保障の考え方があります。サイバーセキュリティは、単に自らの利益を最大化するためのものではなく、社会全体の利益を守るための責務として取り組まなければならないとされていることの背景の一つといえるでしょう。

　なお、この点に関しては、2020年6月に公安調査庁が公開した「サイバー攻撃の現状2020」が近年の傾向をわかりやすくまとめており参考になります。

❶近年の主なサイバー攻撃の事案

　2016年には、IoT機器をターゲットとしたマルウェア「Mirai」が流行し、ウェブカメラをはじめとする多くの機器が乗っ取られました。

　インターネットに接続が可能な機器・端末としては、従来は、パソコンやスマートフォンが典型例でしたが、近年では、スマートスピーカー、スマートウォッチ、ウェブカメラ、いわゆるIoT家電など、多種多様なものがインターネットにつながります。裏を返すと、そういった機器について、サイバー

攻撃を受けるリスクが高まっています。

　Miraiが猛威を振るった理由の一つとしては、普及し始めたばかりのIoT機器について、セキュリティ対策が脆弱（パスワードとして「password」が設定されているなど）であったこと等があげられます。Miraiが多数のIoT機器を乗っ取ったことにより、たとえば、乗っ取られたウェブカメラの映像がインターネット上に公開されたり、多数の乗っ取られた機器が「ボットネット[9]」を形成し、それがDDoS攻撃[10]に悪用されることで、多くの人が利用するようなウェブサイトへのアクセス障害が引き起こされるといった事態が生じました[11]。

　2017年には、日本を含む世界150ヵ国以上でランサムウェア「WannaCry（ワナクライ）」が猛威を振るいました。幸いわが国では大きな被害はなかったものの、たとえばイギリスの病院では手術が中止になるなど人の生命に関わる業務に影響を及ぼしました。

　ランサムウェアとは、感染すると、端末内などのデータを暗号化してしまい、復号を希望するなら身代金を要求する（多くの場合、現金ではなく、ビットコイン等の暗号資産を要求）マルウェアをいいます（詳細は第5章参照）。

　2018年には、暗号資産を狙った攻撃などが発生し、日本企業が運営する暗号資産交換所が、外部からの不正アクセスにより、約580億円相当にものぼる暗号資産を窃取され、不正送金される事案などが発生しました。

　2019年には、スマートフォン決済サービスについて、一部のアカウントが第三者に不正アクセスされ、不正に利用される事案などが発生しています。

---

9 遠隔操作を可能とするマルウェアに感染したコンピュータ等により構成されたネットワークであり、攻撃者は当該コンピュータ等に対して一斉に指令を与えることで、攻撃を仕掛けることができる。

10 Distributed Denial of Service 攻撃（分散型サービス不能攻撃）。多数の端末を用いて、特定のサーバ等に対して一度に大量のデータを送信し、通信路やサーバの処理能力を溢れさせる攻撃（DoS攻撃）を仕掛けることをいい、大規模な攻撃では、数万台以上の端末が攻撃に用いられるケースもある。第6章を参照。

11 IPA 安心相談窓口だより「ネットワークカメラや家庭用ルータ等の IoT 機器は利用前に必ずパスワードの変更を」参照。https://www.ipa.go.jp/security/anshin/mgdayori20161125.html

そして2020年には、政府からの受託事業なども含めて大きな事業を行っているとみられる大企業等が第三者から不正アクセスを受け、情報が流出した事案が複数発覚しています。

このように、サイバー攻撃による被害は、公開されているだけでも数多く発生しています。しかし、サイバー攻撃は、攻撃を受けた者が非公表としている事案や、攻撃を受けていることにまったく気づいていない事案も数多く、実際の被害数は、公開されている数よりもずっと多いといわれています。

❷サイバー攻撃の主体

サイバー攻撃を行う主体は、従来は、アノニマスのようなハクティビスト集団、金銭の窃取を目的とした犯罪者、愉快犯などが多かったものの、[*12]近年では、国家の関与が疑われるサイバー攻撃も増加しています。わが国においても、たとえば、上記❶で言及したWannaCryは、北朝鮮の関与があった旨が政府により明確に言及されています。それ以外にも、国家の関与が疑われるサイバー攻撃は多くあり、アメリカでは、サイバー攻撃に関与した海外在住の人物（北朝鮮籍、中国籍の人物等）を訴追しています。

また、その他の主体による攻撃が減少したわけではありません。たとえば、オリンピック・パラリンピックなどの大きなイベントにあわせてサイバー攻撃が仕掛けられるケースも多く、2018年の平昌オリンピック・パラリンピックにおいては、「オリンピックデストロイヤー」と呼ばれるマルウェアが使われていた旨が報道されています。2021年に予定されている東京オリンピック・パラリンピックにおいても攻撃が予想されるため、万全の対策が求められています。

さらに、金銭目的のサイバー攻撃も増加傾向にあります。というのも、近年では、インターネットバンキングが普及し、ビットコイン等の暗号資産の利用が広がるなど、いわゆるFintechに関する多くのサービスが提供されるようになった結果、サイバー攻撃によりこうしたFintechサービスに関する

---

12 Hack と Activist を組み合わせた造語であり、政治的な意思表示など政治目的の実現のためにハッキングを手段として利用する活動家のことをいう。

アカウント等を窃取できれば、それがそのまま金銭的価値の窃取につながるからです。このように、利益を得るためのビジネスとしてサイバー攻撃を仕掛けるというケースも増えているのです。

❸サイバー攻撃の目的

サイバー攻撃の目的も、サイバー攻撃の主体と同様にさまざまなものがありますが、大きく分けると、情報の窃取・スパイ活動、情報システムの破壊・機能妨害、不正な金銭等の獲得、心理戦・影響力工作などがあげられます。

【情報の窃取・スパイ活動】

政府機関はもちろん、民間企業の情報システム、個人のパソコンやスマートフォン等に侵入し、重要な内部情報を窃取したり、秘密裏に監視することを目的とした攻撃となります。

政府や民間企業が秘密として管理している情報を窃取することを直接の目的としていることもあれば、窃取した情報を金銭等に変換することを目的としている場合もあります。たとえば、クレジットカード番号などの情報を窃取した攻撃者が、その情報をクレジットカードの不正利用に用いたり、売却して金銭を得る場合などがあげられます。

2015年には、日本年金機構における個人情報が約125万件流出するなど、個人情報が不正アクセスにより窃取され漏えいしたという事案が多く発生しています。

【情報システムの破壊・機能妨害】

ウェブサイトの閲覧障害等を引き起こしたり、インフラを麻痺させることを目的とした攻撃となります。

今日では、ビジネスプロセスの多くにインターネットを用いることが増えており、たとえば、インターネット上で商品を販売するサイトに閲覧障害が生じた場合、売上の減少に直結するほか、企業の信用を落とす可能性があります。

2015年には、ウクライナの電力会社がサイバー攻撃を受けて数時間に及び停電が発生するなど、サイバー攻撃によってインフラ系統に深刻な被害をも

たらされる事例も発生しています。

【不正な金銭等の獲得】

　銀行預金や暗号資産等の金銭等を不正に獲得することを目的とした攻撃となります。上記のとおり、今日では、サイバー攻撃によって直接金銭等を獲得できる状況となっているため、情報のほかに、金銭の獲得を目的として組織的にサイバー攻撃を仕掛けるというケースも増えています。

【心理戦・影響力工作】

　情報の意図的な利用等により、人々の認知、意思決定、行動等に影響を及ぼすことを目的とした攻撃となります。ハッキング等で取得した情報をもとに、虚実を織り交ぜた情報をソーシャルメディア等を通じて流布することで、世論形成や選挙に干渉する等が例としてあげられます。米国政府の発表によると、ロシアは、2016年の米国大統領選挙で、①ロシア軍当局が民主党およびクリントン候補陣営のメール等をハッキングにより窃取し、ネット上で公開・拡散する活動、②ロシア政府に近い企業が偽情報の流布やソーシャルメディア上での工作を行う活動を展開したとされています。

(3)　組織内の者の故意または過失による行為に起因するインシデント

　外部の第三者によるサイバー攻撃等以外で多いのが、情報を保有する企業を含む組織内の従業員等の故意・過失による行為に起因するインシデントです。

❶過失によるインシデント

　過失によるインシデントとしては、電子メールやFAX等の誤送信による情報漏えい、USBメモリやパソコン等の紛失による情報漏えいまたはそのおそれなどが典型例としてあげられます。また、記録媒体内のデータを適切に消去せずに媒体が第三者に流通した結果、媒体内のデータが復元され、情報が流出する可能性もあります。

　さらに、データの漏えい以外では、たとえば、設定の誤り等の人為的なミスに起因してシステム障害が引き起こされるケースもあります。

2017年には、米国Googleが、誤設定により本来配信する予定ではなかった経路情報[*13]を配信したことに起因して、正午過ぎから夕方にかけて、国内で大規模なインターネット接続障害が発生しました[*14]。

2019年には、神奈川県庁で行政文書の保存に用いられていたハードディスクドライブ18個がインターネットオークションサイトで転売されたことによる情報流出が発覚しました。一般的なフォーマット機能を用いたデータ消去はされていたものの、復元が可能であったため、最大で約54TB（テラバイト）分のデータが流出した可能性があるとされています。

このように、過失によるインシデントは、メール誤送信などの軽微なものもあれば、上記のように、大規模な障害という結果を引き起こす場合や、きわめて大量かつ機微性の高いデータが漏えいするといったものまで多様なものがあります。

流出が疑われる情報の属性や態様によって適切な対応が必要となるタイプのインシデントといえます。

❷故意によるインシデント

故意によるインシデントとしては、従業員による企業内の技術情報、顧客情報、取引に関する情報などの持出しや不正利用といった内部不正が典型例としてあげられます。

自宅に持ち帰って業務を行おうとして、業務情報を無断でクラウドストレージにアップロードするといった例も情報の持出しと評価されることがあるので注意が必要です。

2014年に教育事業を営む大手企業から個人情報が流出した事件においては、グループ企業の派遣社員が同企業の顧客情報を持ち出し、名簿業者に売却しており、当該派遣社員は、不正競争防止法違反により実刑判決を受けています。

---

13 インターネットの通信を成立させるため、接続する事業者間であらかじめ送受信される通信経路の設定に必要な BGP（Border Gateway Protocol）による情報のことをいう。
14 本件に関しては、総務省が「平成 29 年 8 月に発生した大規模なインターネット接続障害に関する検証報告」をとりまとめている。https://www.soumu.go.jp/main_content/000523153.pdf

内部不正を行う動機は、上記事件のような金銭目的をはじめ、業務を自宅で行おうとする目的や会社への怨恨による復讐目的など幅広いため、対策を行う企業側としても、絞り込みがむずかしい側面があります。

（4）　天災等に起因するインシデント

　天災等によってサーバが被害を受けることで、データの消失やシステムの障害が引き起こされるケースがあります。地震や雷による影響に限らず、近年では、台風や豪雨に起因する水害によるシステム障害等も多く発生しています。これについては、上記(2)、(3)と異なり、自然現象が相手となるため、行為者を想定した対策とは異なる対策が必要です。

（5）　インシデントに直面する可能性がある組織

　今日では、情報システムを用いずに組織を運営することは考えられません。企業規模を問わず、また、企業以外にも大学などの教育研究機関や官公庁、非営利組織など、あらゆる組織がインシデントに直面する可能性があります。

　サイバー攻撃に関していえば、特に国家的関与が疑われる攻撃の場合は、政府機関から恒常的に業務を受託するような大企業が情報窃取を狙われると思われがちですが、必ずしもそうではありません。

　攻撃者は、一般論として、攻撃のコストパフォーマンスが高いところをターゲットとする傾向があります。すなわち、労力が少なくすむ一方で、得られる情報等の価値が大きければ、サイバー攻撃の対象として狙われやすくなります。

　たとえば、中小企業であっても、大企業との取引がある、または委託を受けている等して、当該大企業の情報を間接的に保有している、または外形的にそのような情報を保有している可能性があると見られるのであれば、大企業に準じてサイバー攻撃の対象として狙われやすいと考えられます（詳細は第10章を参照）。

　また、研究結果等の重要な情報が集まっている大学や研究機関も狙われや

すく、適切な対策をとっていなければ研究の成果を窃取されるおそれがあります。

　ほかにも、地方に所在する政府の出先機関や非営利組織なども、セキュリティ体制が十分に整っていない組織が比較的多い一方で、重要な情報を保有しているため、狙われやすい傾向にあります。

　このように、個人情報を扱っていないから狙われない、中小企業だから狙われない、ということはまったくなく、あらゆる企業がサイバー攻撃を受ける可能性があることを認識し、当事者意識を持つことが重要です。

　これはサイバー攻撃のみならず、内部不正や天災についても同様です。

5　適切な体制を整備しなかったことによる被害と会社の義務・責任

(1)　発生する可能性がある被害

　サイバー攻撃を含むインシデントに対して適切に対応できなかった場合にどのような結果を招くかについては、一概に類型分けができるものではありません。典型的なものとしては、企業が管理する情報（データ）の漏えい・改ざんや破壊等によって引き起こされる損害や責任、また、企業によるサービスの提供が一時的に停止することによる損害や責任が考えられます。

　インシデントに起因して営業秘密が流出してしまった場合、事業者が秘密として保護していた情報の価値が大きく下がることはもちろん、あえて特許出願等を行わず門外不出のノウハウとして管理していた技術情報等が流出してしまえば、企業経営に回復不能な損害を与えることとなります。

　また、漏えいした顧客情報を含む個人情報が名簿屋などに売却されたり、愉快犯が顧客情報をインターネット上に公開してしまうといったことも起こる可能性があり、情報管理の甘さについて法的な責任を問われることもあります。

　加えて、サイバー攻撃やその他さまざまな要因に起因して、情報システム

が停止するなどすれば、サービス提供の継続に支障を生じる場合もあります。

（2）　会社の内部統制システム構築義務と義務違反に対する責任

❶会社の法的責任

　情報の漏えい・改ざんや破壊、または情報システムの停止によって第三者に対して損害を与えた場合には、会社のサイバーセキュリティに関する体制に不備があったとして、損害賠償請求等を受けるおそれがあります。たとえば、顧客情報等が漏えいしてしまった場合には、情報漏えいされた本人からプライバシー権の侵害等を理由として慰謝料等を請求される可能性がありますし、情報システムの停止等によってサービス提供に支障が生じ、それによって損害を被った企業があれば、その企業から損害賠償を請求される可能性もあります。このとき、事業者の従業員の過失によって情報漏えいが生じたとしても、基本的には、当該従業員を使用する会社が損害賠償責任を負うこととなります（使用者責任：民法715条）。

　外部からのサイバー攻撃によって情報漏えい等が発生した場合、攻撃を受けた企業も被害者であり、まず責任を負うべきなのは当然ながら加害者である攻撃者です。しかし、現状、残念ながら、サイバー攻撃者を摘発して責任を問うことができるケースは少なく、本来被害者であるはずのサイバー攻撃を受けた事業者が責任を問われるケースが多いところです。こうした責任やインシデントへの対応費用が生じる可能性に備えるためのサイバー保険の存在も徐々に認知されつつあります。

❷取締役の義務と法的責任

　大会社等[*15]の取締役（会）は、内部統制システムの構築に関する事項を決定しなければならないこととされています（会社法348条3項4号、4項、362条4項6号、5項等）。

---

15 大会社のほか、監査等委員会設置会社や指名委員会等設置会社の場合にも同じく法定の義務が課される。また、これら以外の会社であっても、内部統制システムの構築に関する事項を決定しないことが取締役としての善管注意義務、忠実義務違反と評価される可能性がある。

ここにいう内部統制システムとは、裁判例上、「会社が営む事業の規模、特性等に応じたリスク管理体制」と定義されており、また、内部統制システムは、すべての会社に画一的な内容のものが適用されるのではなく、その水準は実務慣行により定まるとされています。具体的な内容については個々の企業の事業内容や規模、経営状態等を踏まえつつ取締役が裁量に基づき判断すべきとされているのです。^{*16}

　今日においては、上記のとおり、サイバーセキュリティに関わるインシデントが発生した場合に、情報システムの停止等、会社の事業継続に影響を及ぼす可能性があり、この影響を無視することはできません。よって、内部統制システムとしてのリスク管理体制の構築の中には、サイバーセキュリティを確保するための体制整備も含まれると考えられます。経済産業省・IPA「サイバーセキュリティ経営ガイドラインVer2.0」（以下「経営ガイドライン」という）においても、経営者が責任者に指示すべき項目として、サイバーセキュリティリスクの管理体制の構築や、リスクの特定と対策の実装、インシデントの発生に備えた体制の構築などがあげられており、サイバーセキュリティ体制を整備することが実務慣行として定着しているということができます。

　内部統制システム構築義務に関しては、会社法施行規則において、①法令等遵守体制、②損失危険管理体制、③情報保存管理体制、④効率性確保体制、⑤企業集団内部統制システムがあげられています。サイバーセキュリティに関していえば、①はサイバーセキュリティに関する法令等（個人情報保護法、不正競争防止法など）の遵守、②はサイバーセキュリティに関するリスク管理体制、③はインシデントに際しての情報の毀損の防止のための体制、⑤は、自社のみにとどまらず、グループ全体としてのサイバーセキュリティ体制の構築が必要ということができます。

---

16 広島高判令和元年10月18日LEX/DB25564819は、「会社法は内部統制システムの在り方に関して一義的な内容を定めているものではなく、あるべき内部統制の水準は実務慣行により定まると解され、その具体的内容については当該会社ないし企業グループの事業内容や規模、経営状態等を踏まえつつ取締役がその裁量に基づいて判断すべきものと解される。」と判示している。

この点に関連して、グループ経営における企業価値向上をはかり、コーポレートガバナンス・コードを補完するために策定された経済産業省「グループ・ガバナンス・システムに関する実務指針」（2019年6月、以下「グループガイドライン」という）においても、サイバーセキュリティが内部統制システム上の重要なリスク項目であることが明記されています。[17]

　取締役または取締役会が決定すべき事項は、目標の設定、目標達成のために必要な内部組織および権限、内部組織間の連絡方法、是正すべき事実が生じた場合の是正方法等に関する重要な事項（要綱・大綱）でよいと解されています。

　内部統制システムが、当該会社の規模や業務内容に鑑みて、株式会社の業務の適正を確保するために不十分であったという場合には、その体制の決定に関与した取締役は、善管注意義務（会社法330条、民法644条）違反に基づく任務懈怠責任（会社法423条1項）を問われる可能性があります。[18]具体的には、株主代表訴訟（会社法847条）を通じて損害賠償請求等を起こされる可能性があることとなります。

　なお、取締役が職務を行うについて悪意または重過失があったときは、それにより第三者に生じた損害についても損害賠償責任を負うこととなります（会社法429条1項）。

　以上の規定や裁判例等からも、サイバーセキュリティ対策は、役員がその方針・体制を整備すべきものであり、経営の問題と位置づけられるべきものであるということができます。

❸風評被害（レピュテーション）

　今日では、SNSをはじめとするソーシャルメディアの利用が広く普及して

17「サイバーセキュリティについては、内部統制システム上の重要なリスク項目として認識し、サイバー攻撃を受けた場合のダメージの甚大さに鑑み、親会社の取締役会レベルで、子会社も含めたグループ全体、更には関連するサプライチェーンも考慮に入れたセキュリティ対策の在り方について検討されるべきである。」
18内部統制システムが適切だった場合であっても、運用上、当該内部統制システムが遵守されておらず、取締役が一定の注意を払っていれば知ることができたにもかかわらず長期間放置しているようなときは、善管注意義務違反に基づく任務懈怠責任を問われる可能性がある。

いますので、いわゆる「炎上」による風評被害に対しても考慮が必要です。

　情報漏えい等のインシデントが発生した際に、それをプレスリリースとして公開した場合、または社内の人間や外部の第三者により暴露されてしまった場合、会社に対するレピュテーションが低下し、特に上場会社の場合には、株価に大きく影響するおそれがあります。

　また、漏えいされた情報がインターネット上に流出してしまうと、仮に、一つのサイトに載せられている情報を削除しても、ほかのさまざまなサイトに同様の情報が拡散されてしまうため、完全な削除は事実上不可能です。また、掲載された情報が流出した情報と同じかどうかは閲覧者からはわからないため、仮に事実でない情報が載せられたとしても、閲覧者が一方的に事実として捉え、それが企業に対する信頼の崩壊につながる可能性もあります。

　このように、インシデントへの対応は、一つ間違えれば、長年の経営努力により築いてきた信用やブランド力を崩壊させるリスクがあります。特に今日においては、SNSの普及により情報の拡散が非常に速いため、会社自身によるプレスリリースより前に、情報漏えい等の事故が社内の人間や外部の第三者によって暴露されてしまうと、会社による隠蔽が疑われ、信頼回復に時間を要することとなりやすいだけでなく、SNS等を通じて情報が瞬く間に拡散し、会社としての対応が後手に回ることで、レピュテーションへのダメージが大きくなるケースが増加しています。[19]

6　インシデント対応における考え方・枠組み

(1)　前提とすべき認識

　インシデントに適切に対応するために重要な事項は数多くありますが、大前提として、インシデントの発生可能性をゼロにすることは不可能であることを認識する必要があります。

---

19 有事対応に関する基本的な考え方とレピュテーション・マネジメントについて、「グループガイドライン」95頁以降も参考となる。

たとえば、天災によるシステム障害への対策を想起するとわかりやすいと思いますが、天災は人間がコントロールできるものではないため、可能な限り対策を施したとしても、インシデントが発生する可能性をゼロにすることは不可能です。

　また、外部からのサイバー攻撃についても、いわゆるゼロデイ攻撃を防ぐことはきわめて困難です。ゼロデイ攻撃とは、ソフトウェア等に存在する脆弱性に関してそれを修正するプログラムや脆弱性への対応策が公開される前に、その脆弱性を利用してサイバー攻撃を仕掛けることをいいます。攻撃者のみが知っている脆弱性を利用した攻撃となりますので、防御側での対処が非常にむずかしい性質の攻撃です。また、それ以外にも、サイバー攻撃者による攻撃は年々複雑化・巧妙化しており、組織的な連携をとるなど攻撃者優位な状況が続いていますので、適切な対策をとっているはずの大企業等でも、サイバー攻撃による被害に遭った旨の報道が多くなされています。

　このように、インシデントへの対策を含むサイバーセキュリティ対策を行う場合、インシデントを未然に防止するための対策だけでは、適切に対応することはできません。

　すなわち、サイバーセキュリティ対策を行ううえでは、インシデントを未然に防止するための対策も必要ですが、インシデントが発生した場合の有事対応または危機管理対応として、その被害を最小限に抑えるための対策も事前対策に劣らず重要なのです。

(2)　経営課題としてのサイバーセキュリティ

　インシデントの発生を含め、サイバーセキュリティに関するリスクをゼロにすることはできません。また、今日の企業によるビジネスにおいては、ITおよびICTへの依存度が高まっており、何らかのサイバーセキュリティに関するインシデントが発生した場合に業務に与える影響も大きくなっています。

　インシデントの発生に対処するためには、サイバーセキュリティに関する

リスクマネジメントが重要です。サイバーセキュリティ対策は、現場やIT部門で技術的な対策を行えば足りるというものではなく、全社的に、組織的に経営課題としてリスクマネジメントを行う必要があります。

　政府が定めるサイバーセキュリティ戦略も、重要な３つの観点の一つとしてリスクマネジメントをあげており、これを「組織が担う任務の内容に応じて、リスクを特定・分析・評価し、リスクを許容しうる程度まで低減する対応をしていくこと」と定義しています。つまり、組織が社会の中で担う役割はそれぞれであり、それらの組織が担う任務によって、リスクの評価や必要な対策は異なります。

　サイバーセキュリティを経営の問題として考えるうえでは、経営ガイドラインおよび一般社団法人日本経済団体連合会が公開した「サイバーリスクハンドブック　取締役向けハンドブック　日本版」（以下「サイバーリスクハンドブック」という）が参考になります。

【サイバーセキュリティ経営ガイドラインVer2.0】

　経営ガイドラインは、サイバーセキュリティが経営課題であることを前提としつつ、経営者が認識すべき３つの原則と、サイバーセキュリティ経営における重要な10個の項目をあげています（**図表1-2**）。

　IPAは、「サイバーセキュリティ経営ガイドラインVer2.0実践のためのプラクティス集（第２版）」を公開しており、経営ガイドラインで示された事項を実践するための参考となります。

【サイバーリスクハンドブック】

　サイバーリスクハンドブックは、経営ガイドラインと同様に、サイバーセキュリティを経営問題として捉えるべきことを前提として、５つの原則をあげています（**図表1-3**）。

　そのうちの原則２において、サイバーリスクの法的意味を理解すべきとされている点がポイントの一つといえます。ここにいう「法的意味を理解」とは、サイバーリスクがインシデントによって顕在化することにより、関係当局による法執行（所管省庁による行政指導や勧告、処分などがあげられる）や、

図表1-2　経営者が認識すべき原則とサイバーセキュリティ経営の重要項目

■経営者が認識すべき3つの原則

①サイバーセキュリティリスクを認識し、リーダーシップを発揮して、適切な経営資源の配分を含め、対策を進める必要

②自社はもちろん、ビジネスパートナーや委託先を含めたサプライチェーンに対するセキュリティ対策が必要（サプライチェーンについては第10章を参照）

③平時・緊急時のいずれにおいても、関係者との適切なコミュニケーションが必要

■サイバーセキュリティ経営の重要10項目（経営者がCISO*等に指示すべき項目）

指示1	サイバーセキュリティリスクの認識、組織全体での対応方針の策定
指示2	サイバーセキュリティリスク管理体制の構築
指示3	サイバーセキュリティ対策のための資源（予算、人材等）確保
指示4	サイバーセキュリティリスクの把握とリスク対応に関する計画の策定
指示5	サイバーセキュリティリスクに対応するための仕組みの構築
指示6	サイバーセキュリティ対策におけるPDCAサイクルの実施
指示7	インシデント発生時の緊急対応体制の整備
指示8	インシデントによる被害に備えた復旧体制の整備
指示9	ビジネスパートナーや委託先等を含めたサプライチェーン全体の対策および状況把握
指示10	情報共有活動への参加を通じた攻撃情報の入手とその有効活用および提供

＊CISOとはChief Information Security Officerの略。最高情報セキュリティ責任者

図表1-3　サイバーリスクハンドブックにおける5つの原則

原則1	取締役は、サイバーセキュリティを、**単なるITの問題としてではなく、全社的なリスク管理**の問題として理解し、対処する必要がある
原則2	取締役は、自社固有の状況と関連づけて、**サイバーリスクの法的意味**を理解すべきである
原則3	取締役会は、サイバーセキュリティに関する十分な**専門知識を利用**できるようにしておくとともに、**取締役会の議題として**サイバーリスク管理を定期的に取り上げ、十分な時間をかけて議論を行うべきである
原則4	取締役は、**十分な人員と予算を投じて**、全社的な**サイバーリスク管理の枠組**みを確立すべきである
原則5	サイバーリスクに関する取締役会における議論の内容として、**回避すべきリスク、許容するリスク、保険等によって軽減・移転すべきリスクの特定や、それぞれのリスクへの対処方法に関する具体的計画等**を含めるべきである

関係者との間で法的紛争が生じうることを理解することを指します。サイバーセキュリティ対策を行うためには、法的な観点だけでは不足していますが、逆に、法的な観点を忘れてはならないということもできます。

(3) サイバーセキュリティフレームワーク

体系的かつ網羅的にサイバーセキュリティ対策を行ううえで参考となるのが、米国国立標準技術研究所（NIST）が作成・公開している「重要インフラのサイバーセキュリティを改善するためのフレームワーク」[20]（以下「サイバーセキュリティフレームワーク」という）です。NISTは、ほかにもコンピュータセキュリティ関係のレポートとして、SP800シリーズと呼ばれるレポート群を公開しています。これらは、米国の政府機関によるサイバーセキュリティ対策の実施を前提につくられているものですが、官民問わず、参考資料として用いられています。

サイバーセキュリティフレームワークは、業界標準、ガイドライン、ベストプラクティスをとりまとめたものです。タイトルに重要インフラという単語が入っているとおり、重要インフラ保護政策の一環として作成されたもので、主たるターゲットは重要インフラ事業者ですが、他の業界においてもモデルとして活用することが可能です[21]。

サイバーセキュリティフレームワークは、上記(2)であげたガイドライン同様、サイバーセキュリティ対策をリスクマネジメントとして捉えており、サイバーセキュリティに関するリスク管理のコアとなる機能を、「識別、防御、検知、対応、復旧」の5つのフェーズに分けて整理しています（**図表1-4**）。

おのおののフェーズの概要は以下のとおりです。このうち、「識別」および「防御」は平時からのインシデントへの備えに関するもの、「検知」「対応」

---

20 2018年4月にver1.1が公開されており、IPAが和訳版を公開している。
21 たとえば、金融庁が2015年に公開した「金融分野におけるサイバーセキュリティ強化に向けた取組方針」においても、サイバー攻撃への対処を行うステップを特定、防御、検知、対応・復旧の4つに分け、サイバーセキュリティフレームワークを意識したカテゴライズを行っている。

図表1-4　リスク管理のコア機能

識別 Identify	防御 Protect	検知 Detect	対応 Respond	復旧 Recover
システム、人、資産、データ等に対するリスク管理への理解	重要サービスに関する保護策の検討・実施	インシデント発見のための対策検討・実施	インシデントに対処するための適切な対策検討・実施	インシデントによって阻害された機能・サービスの復旧方法検討・実施

「復旧」は実際に発生したインシデントへの対応ということができます。

【識別】

　組織内の情報資産の棚卸しなどを通じて、情報システム、人、（情報）資産など、リスク管理に必要な要素への理解を深めることをいいます。

　具体例としては、情報資産に関するリスクマネジメントを実施するために、組織内にある情報資産を洗い出したうえで、組織にとっての重要性などの格付けを行い、リスクを特定、評価したうえで対応する等の一連のリスクマネジメント、当該リスクマネジメントを実施するためのガバナンス体制の整備といった方策をあげることができます。

【防御】

　重要サービスの提供を確実にするために適切な保護対策を検討し、実施することです。組織的対策（責任者のアサイン、情報取扱いに関する規程類の整備、運用など）、人的対策（意識向上のための演習・訓練など）、物理的対策（セキュリティゾーンの設定など）、技術的対策（ID管理、アクセス制御等）といった対策の検討および実施が具体例としてあげられます。

【検知】

　インシデントの発生を識別するために適した対策を検討し、実施することです。特にサイバー攻撃への対応を実施するにあたって、当該攻撃を検知・認識することは大前提として必要な重要プロセスです。ただし、サイバー攻撃を検知・認識することは非常にむずかしく、攻撃されてから半年以上攻撃

に気づいていないというケースも多く見られます。

　検知するためには、技術的な対策として、不審な挙動を発見した際のアラート発出や、そのためのセキュリティ関係の継続的なモニタリングの実施、また、SOC（Security Operation Center）の設置または外部への委託を具体例としてあげることができます。[22]

【対応】

　検知されたインシデント（のおそれ）に適切に対処し、対応策を実施することです。具体的には、コンティンジェンシープランや事業継続計画（BCP）の発動などをあげることができます。[23]

【復旧】

　インシデントによって被害を受けた機能やサービスを回復させるための適切な対策を検討し、実施することです。対応の一環ともいうことができますが、サイバーセキュリティフレームワークでは別のフェーズとしてあげられており、具体的には、復旧計画の策定・発動や、インシデントから得た教訓を踏まえた今後の方針の決定などがあります。

7　一般的なインシデント発生時の対応

　発生してしまったインシデントへの対応にあたっては、IT・情報システム部門はもちろんですが、インシデント対応は判断を要する事項の連続となりますので、重要な判断を行う経営層、法的リスクを検討する法務、顧客・取引先・マスコミ等の対外対応を行う広報といった、さまざまな部門の関与が必要です。[24]

　そこで、事前に緊急連絡網の整備や、緊急時の協力を行うためのプランを

---

22 他者から依頼を受けて、依頼者に対する SOC サービスの提供を含め、セキュリティの運用代行を行うサービスを、マネージド・セキュリティ・サービス（MSS）ということもある。

23 こうした計画の策定行為については、「防御」に位置づけられると考えられる。

24 この点については、経営ガイドライン付録C「インシデント発生時に組織内で整理しておくべき事項」や、JPCERT/CC「インシデントハンドリングマニュアル」等も参考となる。

あらかじめ作成する必要があります。経営ガイドラインにおいても、経営者が指示すべき事項の一つとして、インシデント発生時の緊急対応体制の整備があげられています。

（1） インシデントの検知・認識／連絡の受付け

インシデントの検知がむずかしいことは前述のとおりですが、インシデント検知のきっかけとしては、監視担当者からの連絡やIT部門による発見、また、JPCERT/CCなどのセキュリティ機関を含む第三者からの連絡等いろいろな場合がありえます。

いずれにせよ、インシデントへの対処は、組織としての対応が必要であり、また、検知が遅れるほど被害が拡大するという関係にありますので、可能な限り早期に発見できるような方策を平時からとっておくことが重要です。

また、インシデントを認識する端緒としては、外部のセキュリティリサーチャーや捜査機関等から連絡を受けるケースも多いので、連絡窓口を設置し、また、窓口で受け付けた情報を適切に処理できるようにしておくことが大切です。

（2） トリアージ

インシデント対応部署がインシデントに関する連絡を受け付けた場合に、限られたリソースの中でどのように対応するかを決定する必要があります。報告者の勘違いや、ネットワーク監視部門による誤検知、アンチウイルスソフトによる誤検知という可能性がありますので、その場合はその場で対応終了ということになります。

また、インシデント対応部署が正式に動くまでもなく現場での対応が可能であれば、関係部署においてそのまま対応し、それではむずかしく、インシデント対応部署としての動きが必要となれば、インシデント対応チームによる対処を開始することとなります。

どのように対応すべきかの方針を決めるために不可欠なのが事実関係の整

理です。いつ、どこで、何が、どのように起こったのか、また、当事者や関係者が誰なのかという点を整理し、完全ではないにしろ方針の判断に必要な事実関係を的確に把握しなければなりません。なお、この時点では、まだ原因究明を行うことは必須ではありません。

JPCERT/CC「インシデントハンドリングマニュアル」によれば、トリアージの一般的な流れは以下のようになります。

①得られた情報に基づいて、事実関係を確認し、インシデント対応部署（CSIRT等）が対応すべきインシデントか否かを判断します。その際には、必要に応じて、報告者や当該インシデントの関係者と情報をやり取りして詳細を確認します。

②CSIRT等が対応すべきインシデントではないと判断した場合は、その判断の根拠を自組織のポリシーなどに照らして可能な範囲で詳細に、報告者に回答したり、情報をやり取りした関係者に報告したりします。

③CSIRT等が対応する、しないにかかわらず、関係者に速やかな対応を依頼すべき、または情報提供すべきと判断した場合は、注意喚起などの情報発信を行います。

④CSIRT等が対応すべきと判断した場合には、インシデント対応に移行します。

インシデントとしての対応が必要という場合であっても、自社ではまずどのように対応すればよいかわからない場合もあると思います。その際は、JPCERT/CCに対してインシデント対応を依頼することや、IPAなどの専門機関に相談するといった選択肢も検討すべきです。

トリアージについては、インシデントが起こっている確証や被害がないとして、経過観察または対応不要とした結果、それが後に大きな問題につながるというケースも見られます。問題を矮小化せず、組織として対応の是非を判断できるようにすることが望ましいといえます。

（3） 初動対応・調査

　初動対応としては、あらかじめ定めたプラン等に基づき、インシデント対応チームを速やかに始動させる必要があります。まずは事実関係の詳細を整理し、とりまとめ、被害原因や被害範囲を調査し、被害の拡大を防ぐための措置を速やかにとることが必要です。

　事実調査を行い、被害の原因を特定し解析するにあたっては、ログの保全やマルウェア感染端末の確保等が有用です。そのためにデジタルフォレンジックを行い、必要な証拠の保全等をすることとなります。

　こうした調査に関しては、まず必要最小限の対応を実行すべく、初動調査として要点だけを押さえた調査をまず行い、続いて詳細を把握するために詳細調査を実施するといった多段階に分けた例も多く見られます。

　自社のCSIRT等でデジタルフォレンジックを実行可能であればそうすべきですが、社内での対応がむずかしいのであれば、外部の事業者に調査を依頼することとなります。外部委託にあたっては、経済産業省「情報セキュリティサービス基準」に適合した事業者をリスト化したIPA「情報セキュリティサービス基準適合サービスリスト」のうち、「デジタルフォレンジックサービス」に掲載されている事業者およびサービスが参考になります。

　初動対応としては、インシデントによるさらなる被害拡大を防ぐための封じ込めも必要です。被害拡大のおそれがある場合には、必要に応じて業務の継続に影響を及ぼす情報システムの全部または一部を一時的に停止するという判断を下すこともありうるため、その判断を迅速に行えるようにしておくことも必要です。

　法的な観点からは、サイバー攻撃を行った加害者が特定できる見込みがあるならば、加害者に対してどのような請求ができるかを検討することとなりますが、現状、サイバー攻撃の攻撃者を特定することは困難なケースが多いのが実情です（身元を隠す、海外からの攻撃等）。

　また、個人情報など自社が保有するデータが漏えいした場合には、その漏

図表1-5　レピュテーション・マネジメント（有事対応の場合）

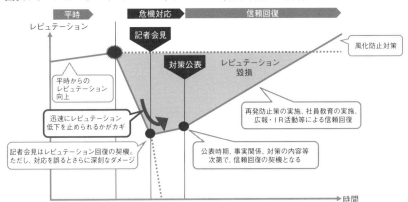

平時　　危機対応　　信頼回復

レピュテーション

記者会見

対策公表　　レピュテーション
毀損

風化防止対策

平時からの
レピュテーション
向上

迅速にレピュテーション
低下を止められるかがカギ

再発防止策の実施、社員教育の実施、
広報・ＩＲ活動等による信頼回復

記者会見はレピュテーション回復の契機。
ただし、対応を誤るとさらに深刻なダメージ

公表時期、事実関係、対策の内容等
次第で、信頼回復の契機となる

時間

出典：経済産業省「グループ・ガバナンス・システムに関する実務指針」

えいの態様や漏えいしたデータの性質に応じて、自社がどのような請求を受けるおそれがあるか、個別の業法（電気通信事業法、銀行法等）に基づきどのような対応が必要となるか、その他適用される法令や自主規制に基づきどのような対応が必要かといった、さまざまな法的な対策を検討する必要もあります。事前に手続や窓口を把握し、準備しておくことが重要です。

　そして、サイバー攻撃を受けたという事実は、企業のレピュテーションに大きく影響を及ぼす可能性があります。

　上記５(2)に記載したとおり、インシデント対応を間違えれば、長年の経営努力によって築き上げてきた信用やブランド力を一瞬にして崩壊させるおそれすらあります。中長期的な企業価値を考え、レピュテーション・マネジメントとして、対外対応をどのように行うか、たとえば、迅速に第一報を出すかどうか、何らかの記者会見等を行うかどうか等を検討する必要もあります（**図表1-5**）。

(4)　対外対応

　組織外の主体への対応として、所管省庁等への報告や連絡、サイバー犯罪被害者としての警察への相談等、取引先への対応等があげられます。

たとえば、個人データが漏えいした場合には、個人情報保護委員会等への報告や、被害を受けた本人への連絡の要否を検討する必要があり、自社に適用される個別の業法に基づき、所管省庁への連絡が法的な義務として求められる場合もあります（詳細は第2章参照）。

　また、重要インフラ事業者の場合は、サイバーセキュリティ戦略本部「重要インフラ事業者の情報セキュリティ対策に係る第4次行動計画」に基づき重要インフラサービス障害を含むシステムの不具合等に関する情報のうち、以下のいずれかのケースに該当する場合には、所管省庁を通じてNISCに対する情報連絡を行うこととされています。

- 法令等で重要インフラ所管省庁への報告が義務づけられている場合
- 関係主体が国民生活や重要インフラサービスに深刻な影響があると判断した場合であって、重要インフラ事業者等が情報共有を行うことが適切と判断した場合
- そのほか重要インフラ事業者等が情報共有を行うことが適切と判断した場合

　次に、サイバー攻撃を受けたという場合には、自社がサイバー犯罪（不正アクセス行為の禁止等に関する法律（以下「不正アクセス禁止法」という）違反の罪、不正指令電磁的記録に関する罪等）の被害者となっている可能性がきわめて高いといえます。そこで、法的な義務ではありませんが、同種の被害を防ぐ、また、犯人特定を試みるといった目的から、警察に対して情報提供を行うことも検討すべきです。

　警察との連携としては、①必要な情報を提供する等して相談する、②被害届を提出する、③告訴・告発を行う、などの多くのフェーズがありえます。①は簡便かつ比較的軽い手続といえますので、まずは相談するかを検討したほうがよいと考えられます。多くの都道府県警がサイバー犯罪専用の相談窓口を設置していますので、インターネットで検索し、相談窓口にアクセスするとよいでしょう。

　加えて、何らかのデータ漏えいがあり、それが契約に基づき取り扱ってい

る、または契約に基づき委託されているデータであるなら、取引先への対応も必要となります。特に、秘密保持契約の対象となっている情報かどうかは、取引先に与える影響の大きさを左右するものであるため、速やかに検討すべきと考えられます。

（5）　被害者対応・責任追及対応

　顧客情報といった個人データが漏えいしている場合には、当該顧客（被害者）への対応も必要です。対応を行うための連絡については、個別に伝えることが望ましいものの、それがむずかしい場合（データベースが更新されておらず電話番号が使われていない、住所が不明である等）には、ウェブ等での公表で代替することとなります。

　この際、謝罪することの是非が問題となりうるところ、一般的には謝罪することで直ちに法的責任を認めたと評価されるものではないと考えられ、また、情報の漏えいにより顧客に対して不安を与えたり、対応の手間をかけていることは事実であるため、レピュテーション・マネジメントの観点から、迷惑をかけている旨の謝罪を行うことが望ましいケースが多いと考えられます。

　また、被害者からは問合わせや苦情が予想されることから、問合わせ窓口を設置して集約することが望ましく、また、あらかじめ想定問答を作成する等して、現場で対応する者の認識を共有しつつ、組織として回答を統一したほうがよいと考えられます。特に近年では、企業とのやり取り等についてSNSにアップロードされるケースも増えているため、問合わせ窓口からの回答内容がSNSにアップロードされる可能性があることを認識したうえで、統一的かつ適切な回答を行うことが必要です。必要に応じて、Q&Aをウェブ公開することも検討したほうがよいと思われます。

　一方で、サイバー攻撃を受けた場合や内部情報持出しがあった場合であって、犯人が特定できた場合は、その者に対する責任追及を行う必要が出てきますが、サイバー攻撃の犯人特定が困難であることは前述のとおりです。

（6） 訴訟対応

　被害者や取引先への対応が紛争に発展し、訴訟等に発展した場合には、当該訴訟等に関する対応も必要となります。また、会社に発生した被害について役員の責任を問う株主代表訴訟を提起される可能性もあることには注意が必要です。

　一方で、情報を持ち出した犯人が特定できた場合には、民事的には損害賠償請求や、持ち出された情報の利用等の差止め請求、また、刑事的には被害者としての告訴・告発といった対応も考えられます。

（7） プレスリリース

　インシデントに関する情報を公表するか否かも検討が必要です。公表する内容としては、被害発生日時、被害の範囲、流出した可能性のある情報、被害が発生した原因、再発防止策等が考えられます。必要に応じて、インシデント発覚時や、インシデント対応途中でも公表を行うべき場合もありますが、最初から詳細な情報を出すことがむずかしければ、何段階かに分けてプレスリリースを出すというケースもあります。

　また、株価の形成に重大な影響を及ぼすなら、適時開示制度により開示が求められる場合があり、顧客情報が漏えいしているときは、公表が必要とされる場合もあります。また、攻撃者が活発に活動しており、広範囲で被害者が出るおそれがある場合には、公表に対する社会的要請も大きいと考えられます。一方で、インシデントの発生が社外に認知されておらず、高度に暗号化された情報のみが漏えいしており復号される懸念がない、漏えいしたがすぐに取り戻しており、実質的な被害はない、もしくは影響を受けた者が限定的かつすべて特定できており、あえて公表を行う必要がない等のケースについては、プレスリリースを行わないという判断もありえます。プレスリリースを行うかどうかは、個別具体的な状況に応じてその是非を判断すべきです。

(8)　再発防止策

　同種のインシデントが今後発生しないように、原因を究明したうえで再発防止策を打つことも重要です。インシデントに関する連絡や公表を行っている場合は、再発防止に適切にあたっているかどうかは、相手方にとって大きな関心事でもありますので、策定・実行した再発防止策については、連絡や公表時にあわせて行ったほうがよいと考えられます。

　また、インシデント対応が終わったあとの総括として、また、今後のサイバーセキュリティ対策の参考とすべく、インシデントの経緯等について詳細を記録に残しておくことも重要です。

第2章 電子メール等の誤送信

1　誤送信と情報漏えい

(1)　多発する誤送信事故

　メールの宛先を誤ったことにより、特定の相手に送信するはずだったメールや添付ファイルが無関係の第三者に送信されてしまったという場合、それも原則として情報の漏えいにあたりますので、情報漏えいであることを前提とした対処が必要となります。

　個人情報保護委員会の令和元年度年次報告（2019年4月1日〜2020年3月31日）によれば、2019年度において同委員会は個人データの漏えい等事案として4520件の報告を受けており、その約80％が書類および電子メールの誤送信、書類および電子媒体の紛失とされています。

　また、一般財団法人日本情報経済社会推進協会（JIPDEC）が公開した平成29年度「個人情報の取扱いにおける事故報告にみる傾向と注意点」によれば、2399件の事故報告のうち、メールの誤送信が636件と26.5％を占めており、これに、宛名誤り、配達ミス、封入ミス、FAX誤送信などをまとめて「誤

送付」とした場合には、合わせて1390件と57.9％を占めます。

　以上は個人情報の漏えい事故に限ったものではありますが、個人情報に限らず、サイバーセキュリティに関わるインシデントについては、メール誤送信を含む人為ミスがかなりの割合を占めることがうかがえます。このような結果を受けて、JIPDECは上記資料の付属資料として「メール誤送信事故を起こさないために」を公開し、注意喚起を行っています。

　IPAが公開する「情報セキュリティ10大脅威2020」においても、電子メールの誤送信等を含む不注意による情報漏えいは、組織向けの脅威の第7位に位置づけられています。

(2)　誤送信の類型

　メールの誤送信という場合、事例1に記載したような宛先間違いのほか、典型的には以下のような例があげられます。

❶添付するファイルの誤り

　宛先は誤っていないが、ファイルを誤って添付した（添付するファイルの誤り、誤操作による誤添付など）というケースも多く発生します。この場合、本来添付すべきでなかったファイルが添付され送信されてしまっていますので、そのファイルに関する情報が漏えいしたこととなります。

❷CC、BCCの設定ミス

　複数組織に所属する多数のメールアドレス宛に一斉にBCC（受信者から、他の受信者が見えないようにする）でメールを送信する際に、CCとBCCの設定を誤ってしまい、メールの受信者が他の受信者をすべて見ることができてしまうという事故も多く発生します。

　この場合、①メールアドレスと②そのメールアドレス宛にメールが送信された事実、という情報が漏えいしたことになります。

　①については、「tsuta_daisuke@example.com」というアドレスになっているなど、ユーザ名およびドメイン名から特定の個人を識別できれば、それ自体が単独で個人情報に該当し、また、そうでなくとも、他の情報と照らし

合わせることで個人情報に該当する場合があります。[*25]

　また、②については、それ自体が機微な情報となることがありますので留意が必要です。たとえば、「20kg痩せるためのダイエットセミナー」の受講者宛にBCCでメールを送るはずがCCで送ってしまったというケースでは、宛先のメールアドレスが当該セミナーの受講者であるという属性が漏えいしたことになります。

(3)　グループウェアにおける誤送信

　近年では、電子メール以外のコミュニケーション手段として、グループウェア等のチャット機能を用いたやり取りも増加しています（Microsoft Teams、Slack、Facebook Messenger、Chatwork、LINE WORKSなど）。こうしたグループウェアの場合、チャット相手を表示名やアイコンなどで判別できる場合も多いため、電子メールよりは宛先を誤るおそれが相対的に低いともいえますが、可能性がゼロになるものではありません。

　また、電子メールの場合、相手方が受信してしまったメールおよび添付ファイルについて、送信者から削除することは不可能ですが、グループウェアの場合は、誤って送信してしまったメッセージ内容や添付ファイルを削除することができる、また、相手方が閲覧したかどうかを送信者が確認できる機能（いわゆる「既読／未読」）を持つものも多くあります。

　グループウェアにおいてファイルやメッセージを誤送信してしまったという場合、漏えいしたかどうかの判断が必要となります。無権限の第三者が実際に閲覧・取得した時点で漏えいとみるか、第三者が閲覧・取得しうる状態に置かれた時点で漏えいとみるか、確立した基準があるわけではありません。しかし、閲覧・取得しうる状態になった時点で、少なくとも漏えいのおそれが生じているといえるでしょう。もっとも、実際に閲覧・取得されたかどうかは、実質的に漏えいがない（被害がない）といえるかどうかを判断する要

---

25 個人情報保護委員会「「個人情報の保護に関する法律についてのガイドライン」及び「個人データの漏えい等の事案が発生した場合等の対応について」に関するQ&A」Q1-2参照。

素になると考えられます。

　たとえば、「添付ファイルを誤送信してしまったが、既読になる前に削除したので漏えいはない」と断定できるものではありません。グループウェアの仕様によっては、既読になっていないとしても、スマートフォン等への通知によって、既読になる前に内容を知ることができる場合や、既読にせずに内容を閲覧できるようになっている場合もあります。

　漏えいの有無を判断するにあたっては、個別具体的な事情に照らし、漏えいがあったのか、漏えいが確定的でなくても漏えいのおそれはあったのか、実質的に漏えいがないといえる事情があったか、を具体的に検討する必要があります。

（4）　暗号化ファイルの誤送信

　企業における実務として、電子メールで何らかのファイルを添付して送信する場合に、当該ファイルをパスワード付のzipファイルなどに圧縮・暗号化して送信するケースが見られます。ただし、事例1のように、ファイルを復号するためのパスワードを、すぐあとにメールで送るという方法をとっているケースも多く、また、ファイルを添付して電子メールを送信した場合に、その添付ファイルを自動的にパスワード付zipファイルに変換したうえで、パスワードを記載したメールを別送するというソフトウェアが企業の情報システムに取り入れられているケースもあります。

　このような方式は、ファイルを暗号化して送信するという体裁をとる目的と、ファイルの誤送信があった場合に、1通目の添付ファイル付のメールを送信してから2通目を送るまでに誤送信に気づくことができれば、誤送信相手が当該ファイルを復号できないため、添付ファイルの漏えいを防ぐことができるという目的があるとされています。

　しかし一方で、メールを盗み見られている、またはメールアカウントが乗っ取られている場合には、攻撃者は添付ファイルとパスワードの双方を見ることができるため、暗号化している意味はほとんどないのではないかという批

判もあります。

　そこで、パスワードを送信する必要がある場合には、電子メール以外の方法で送ることが望ましく、たとえば、以下のような手段を用いれば、電子メールで別送するよりも効果があるといえます。

- プロジェクトのキックオフミーティング等の場において、プロジェクトに関する共通パスワードを関係者との間で取り決めておく
- ダウンロード期限やダウンロード数を制限できるストレージサービス等を用いてファイル共有を行う
- 電話やFAXなどインターネットを経由しない方法で伝達する
- メッセンジャーソフト、グループウェアなど、電子メールではないメッセージ伝達方法を用いる

「個人データの漏えい等の事案が発生した場合等の対応について」（平成29年個人情報保護委員会告示第1号。以下「個人データ漏えい等告示」という）によれば、「個人データが高度な暗号化等の秘匿化がされている場合」には、実質的に個人データの漏えいがなく、個人情報保護委員会等への報告が不要とされています。しかし、事例1のようにパスワードを電子メールで別送してしまっている状況では、この要件には該当しないと考えられます。ファイルを暗号化しているので漏えいはないとは必ずしもいえないという点に留意が必要です。

　また、この点に関連して、サイバーセキュリティ戦略本部およびNISCが策定する「政府機関等の情報セキュリティ対策のための統一基準群」の見直しが検討されており、第25回サイバーセキュリティ戦略本部会合（2020年7月21日）の資料3「政府機関等の情報セキュリティ対策のための統一基準群の見直し（骨子）」によれば、情報セキュリティ対策についての最新の考え方等の反映として、「電子ファイルの受け渡し方法について、暗号化したファイルを電子メールに添付する場合は、直後にパスワードを電子メールで送付するのではなく、あらかじめ送付先との間でパスワードを電子メールとは別の方法で伝達することについて、より明示的な記載とする」とされています。

コラム**3**	**パスワードによる暗号化ファイルの メール送信の是非**

　上記は、暗号化したファイルの鍵（パスワード）をどのように届けるかが主な問題ですが、そもそもパスワードによる暗号化ファイルを電子メールで送信する場合、当該暗号化ファイルについてアンチウイルスソフトによる検知ができない場合があるという懸念が示されています。マルウェア「Emotet」（第4章参照）も、パスワードで暗号化したファイルを送信（メール本文にパスワードを記載）することで、アンチウイルスソフトの検知をくぐり抜けようとする機能を有しています。これを踏まえ、米国サイバーセキュリティ・インフラストラクチャセキュリティ庁（CISA）が公開したマルウェアEmotetに関するアラート（https://us-cert.cisa.gov/ncas/alerts/aa20-280a）においては、Emotet感染リスクの低減のためのベストプラクティスとして、アンチウイルスソフトでスキャンできない暗号化zipファイル等をブロックすること等があげられています。

　そもそもファイルを暗号化して電子メールで送る必要があるのか、ファイル送信サービスなどの他の手段を用いるべきではないか、という点について検討が必要となるのかもしれません。

　少なくとも、政府機関等におけるセキュリティ対策においては、事例1のような暗号化ファイルの送信方法は妥当ではないとされています。

2　関連する法制度

(1)　個人データの漏えいに関する報告

　漏えいした情報が個人データ（個人情報データベース等を構成する個人情報のこと。個人情報保護法2条6項）にあたる場合は、個人データ漏えい等告示に基づき、事実関係等を原則として個人情報保護委員会に速やかに報告するよう努めるとともに、以下の措置を講じることが望ましいとされています。なお、同告示は、個人データの漏えい、滅失または毀損のおそれがあるにすぎない場合も明示的に対象としています。

---

26 報告先は、原則として個人情報保護委員会だが、認定個人情報保護団体や、同委員会から権限を委任されている事業所管大臣（個人情報保護法44条1項、同法40条1項）となる場合もある。

- 事業者内部における報告および被害の拡大防止
- 事実関係の調査および原因の究明
- 影響範囲の特定
- 再発防止策の検討および実施
- 影響を受ける可能性のある本人への連絡等
- 事実関係および再発防止策等の公表

　事例1であげたようなダイレクトメール発送先リストは、発送先が法人のみであるような例外的な場合を除き、個人データに該当する可能性が非常に高いと考えられますので、誤送信してしまった場合は、同告示に基づく対応を行うことの要否を検討する必要があります。

　ただし、以下のような場合には、個人情報保護委員会等への報告を要しないとされているため、個人データの漏えいの事実関係を精査したうえで、報告と公表の要否を検討することとなります。

【実質的に個人データが外部に漏えいしていないと判断されるもの】
- 個人データが高度な暗号化等の秘匿化がされている場合
- 第三者に閲覧されないうちにすべてを回収した場合
- 漏えいした事業者以外では、漏えいしたデータから特定の個人を識別できない場合

【FAXもしくはメールの誤送信、または荷物の誤配等のうち軽微なもの】
- 漏えいしたものが宛名および送信者名のみの場合

　なお、同告示は、現行法においては法的な義務ではなく、個人情報保護委員会等に対する報告を行わなかったとしても直ちに違法となるものではありませんので、個別具体的な状況に応じて、①個人データの漏えい（のおそれ）があるか、②本人へ連絡すべきか、③個人情報保護委員会等へ報告すべきか（あわせて報告先を確認）、④事実関係等を公表すべきかを判断することとなります。

　ただし、2020年6月12日に公布された「個人情報の保護に関する法律等の一部を改正する法律」（令和2年法律第44号）による改正後の個人情報保護

法（主な規定は公布後2年以内（2022年6月12日まで）に施行、以下「2020年改正個人情報保護法」という）においては、個人情報保護委員会等への報告および本人への連絡等が法的な義務となり、これに違反した場合には、個人情報保護委員会による法執行（立入検査、指導・助言、勧告・命令）の対象となりますので留意が必要です。あらゆる漏えい事故が対象となるものではなく、「個人データの漏えい、滅失、毀損その他の個人データの安全の確保にかかる事態であって個人の権利利益を害するおそれが大きいものとして個人情報保護委員会規則で定めるものが生じたとき」に、個人情報保護委員会への報告および本人への通知が求められており、要するに、個人情報保護委員会が別途定める規則によって、この内容や報告方法、報告期限等の詳細が定められることとなります。

現在、具体的な細則は準備中ですが、2020年10月30日個人情報保護委員会資料として公開された「改正法に関連する政令・規則等の整備に向けた論点について（漏えい等報告及び本人通知）」には、以下の提案がされており、今後の動向に注目が必要です。

①漏えい等の「おそれ」がある事態についても、義務の対象とする。

②要配慮個人情報（個人情報保護法2条4項）や財産的被害が発生するおそれがある個人情報（クレジットカード番号等）の漏えい等、または、故意によるもの（たとえば従業員による不正な持出し、外部からのサイバー攻撃）は、漏えい等した個人データの量に関係なく義務の対象とする。

③一定数（1000人分）以上の個人データが漏えい等した場合は義務の対象とする。

(2)　営業秘密の漏えいと電子メールにおける守秘文面

電子メールにおける守秘文面とは[*27]、電子メールの受信者に対し、メールに含まれる情報の取扱いに関する守秘を含むルールを記載したものであり、

---

27 NISC「サイバーセキュリティ関係法令Q&Aハンドブック」Q50、Q51参照。

主に誤送信に備えたものが多いところです。具体的には、電子メールのテンプレートとして、署名の下などに、以下のような文章を付記する例が見られます。

「本メールおよび添付ファイルは機密情報を含んでいる場合があり、意図された受取人以外の方による開示、複製、再配布や転送など一切の利用は禁止されています。」

「万が一、本メールを誤って受け取られた場合には、送信者までその旨をお知らせいただければ幸いです。また、お手数ですが、受信されたメールは複製、転送等されることなく削除いただきますようお願いいたします。」

このような記述は、あくまで相手方に対して任意の対応を依頼するものにすぎず、強制力を持つものではありません。また、誤送信してしまったことがわかった場合には、直ちに誤送信の相手方に、削除を申し入れるという行動をとることも重要です。

事例1であげたようなダイレクトメール発送先リストは、X社が秘密として管理しており、有用性および非公知性が認められれば、不正競争防止法2条6項に規定する営業秘密に該当する可能性があります。このとき、上記のような文言は、誤送信されたメールの受信者に対し、メールの内容および添付ファイルに営業秘密を含む機密情報が含まれている可能性がある旨を認識させる効果があると考えられます。

営業秘密を保有する事業者から営業秘密を示された者が、不正の利益を得る目的または損害を加える目的で、営業秘密を使用する行為、または第三者に開示する行為は、不正競争行為とされています（不正競争防止法2条1項7号）。

ここにいう「営業秘密を示された」とは、典型的には、意思を持って提供されたことを意味しており、誤送信によって意図せず送付された場合も「示された」といえるかどうかについては、明確な解釈が示されているわけではありません。しかしメールの文面や受信者の業務等、個別具体的な事情によっては、「示された」と解することができると考えられますので、メールの送信者は、不正競争防止法3条および4条に基づき、受信者に対して、差

止請求や損害賠償請求等の措置を講じることができる可能性があります。

　また、誤送信されたメールの受信者が、そこに機密情報が含まれていることを認識しているにもかかわらず、それを使用したり、インターネット上に公開する等した場合には、送信者としては、受信者の故意または過失による行為に基づき損害を被ったとして、不法行為に基づく損害賠償責任を問うことができる可能性もあります。

　このとき、受信者の行為に対して責任を問うためには、メールに上記のような文言を付すだけではなく、誤送信が発覚した際にすぐに受信者に削除等を申し入れるという行動を起こすことも重要と考えられます。

(3)　その他業法に基づく報告等

　X社に適用される業法によっては、情報漏えい等の事故が生じた場合には、監督当局への報告等が義務づけられている場合があります。

　たとえば、電気通信事業者の場合には、通信の秘密の漏えい等の事故が発生したときは、電気通信事業法28条および同法施行規則57条に基づき、総務大臣に対して遅滞なく報告しなければならない旨が定められています。

　同法に基づく報告義務は、通信の秘密の漏えいの「おそれ」にとどまる場合は対象ではありませんが、総務省は、利用者保護の観点から、おそれがある段階での任意での積極的な情報提供を求めています。

3　インシデント対応のポイント

　以上をまとめると、誤送信が発生した際は、大前提として、インシデントの時系列をとりまとめたうえで、以下のポイントに留意しながら対応を行うことが重要です。

❶漏えい（のおそれ）の有無の判断

　誤送信により情報漏えいが起こったかどうか、情報漏えいが確たるものでなくともそのおそれがあるかどうか、実質的に情報漏えいはないといえるか

どうか、という大まかに分けて３つの結論について、個別具体的な事情に照らして判断する必要があります。

　外部からのサイバー攻撃のような場合には、事実関係の全容が把握できず、情報漏えいのおそれの有無について断定が困難なケースもありますが、メールの誤送信等の場合には、漏えいのおそれの対象となる情報はインシデント発生当初から明らかですので、類型的に、上記の結論を下しやすいという特徴があります。

❷誤送信発覚後の速やかな削除要請

　誤送信が発覚した場合に、相手方に対して、速やかに削除等を要請することも肝要です。送信者としては、相手方に意思を伝達することによって、誤送信のメール等の受信者が、誤って送られた情報は本来自分に届くべきものではなかったという認識を持っていたと主張できる可能性が高まります。

❸法令に基づく対応の要否の検討

　漏えい（のおそれ）の発生という事実をトリガーとして、何らかの法的な対応または事実上求められる対応が必要となるかを検討します。

　特に、個人情報保護法や、適用される業法、関係するガイドライン等に基づく対応に留意してください。

❹契約に基づく対応の検討

　自社において締結している契約に照らし何らかの対応が必要となるかどうかについて留意する必要があります。

　たとえば、漏えいした情報が取扱いの委託を受けた情報であったという場合は、委託元との契約に基づき、委託元に対してアクションをとる必要があります。また、漏えいした情報が秘密保持契約の対象になっていないかどうかなどを確認する必要があります。

4　誤送信等によるインシデントの予防策

　電子メール等の誤送信を防ぐための対策を網羅的にあげることは困難です

が、結局のところ、ヒューマンエラーであることから、完全になくすことは不可能と考えたほうがよいでしょう。よって、起こらないようにするための対策だけでなく、仮に起こった場合にどう対応するかという対策をセットで講じる必要があります。主な対策としては、たとえば、送信前確認の徹底、確認プロセスの確立等が考えられます。

基本的な対策ではありますが、送信前の確認を徹底することが重要です。電子メール等を送信する前に、メールアドレスが正しいものかどうか（特に、オートコンプリート機能などでメールアドレスの入力を省力化している場合は注意が必要）、BCCとCCを誤っていないか、誤ったファイルを添付していないかどうかをしっかり確認する必要があります。

送信先が大量になる、機密性の高い情報を送る場合など、一定の場合には、送信前に別の従業員等によるダブルチェックを行うといった確認プロセスを確立しておくことも有効と考えられます。

また、電子メールを送信する前に、すぐに送信されず確認画面が出るようなソフトウェアを用いて、強制的に送信前確認を行わせるといった手段も考えられますが、送信前確認を強制的な手段とすると、送信前確認が形骸化するおそれがあります。たとえば、「メール送信」ボタンを押下したあとに、あらためて正しいことを確認したかという旨の確認ボタンを常に続けて押下させるという場合、機械的に連続してボタンを押すことが常態化し、確認プロセスの意味がなくなる可能性もあります。常に強制的に確認を行わせるというよりは、一定の条件を満たした場合にのみ送信前確認を求めるよう設定するほうが、実効性がある対策といえるでしょう。

第3章 内部からの情報持出し

> 【事例2】
> X社の従業員Aは、かねてより自分の待遇に不満を持っていたところ、退職を決め、退職の直前に、ダイレクトメールの発送を担当していることから業務に利用していたX社の顧客リストを無断で持ち出しZ社に売却した。

1 内部不正と情報漏えい

(1) 内部不正の脅威

さまざまな組織において、従業員や元従業員による機密情報の持出しや悪用等の不正行為が数多く発生しています。不正行為の目的は、経済的利益の獲得、会社に対する怨恨からの復讐等があげられますが、会社が秘密として管理している顧客情報、取引情報、技術情報等が流出することで、顧客に対する損害賠償、組織としての経済的損失、組織に対する社会的信用の失墜等、企業の今後のあり方に大きな影響を及ぼすおそれがあります。

IPA「情報セキュリティ10大脅威2020」においても、内部不正による情報漏えいは、組織の10大脅威の第2位と非常に高い順位に位置づけられています。

(2) 内部不正の類型

内部不正にはさまざまな類型があります。IPA「組織における内部不正防止ガイドライン（第4版)」(以下「内部不正防止ガイドライン」という）に

おいては、不正行為の種別として、①退職に伴う情報漏えい、②システム管理者による不正行為、③委託先からの情報漏えい等、④職場環境に起因する不正行為、⑤ルール不徹底に起因する不正行為といった類型があげられています。事例2は、①や④が関係するといえます。

①は、組織内部の情報について、USBメモリやスマートフォンのカメラ、クラウドストレージ等を利用して外部に不正に持ち出すというケースや、競合他社に転職した元従業員が、在職中に得た製品情報等を第三者に漏らすケース等があげられます。

②は、在職中に割り当てられていたアカウントを用いて組織内部の情報を不正に入手するケース、また、役職員のパソコンの設定を変更して、役職員宛のメールを自分宛に転送するようにしていたケース等があげられます。

③は、自社内の対応ができていたとしても、委託先の定期的な確認等ができていなかった結果、委託先従業員等が情報を持ち出してしまったというケースがあげられます。具体的には、業務委託を受けるにあたって提供された顧客情報を第三者に漏らすケースがあげられます。

④は、職場の待遇等への不満を持つ者が情報の持出しを行うという動機づけになってしまうケースや、特定の業務を長期間、または単独で担当していることにより、不正行為に気づけない環境が構築されてしまっているケースがあげられます。

⑤に関しては、不正に利益を得る、または会社に損害を与えるような目的を持つものではありませんが、おのおのの組織や企業で定めているセキュリティ関連規程に違反してしまっているという場合も、広く内部不正に含まれると考えられます。

たとえば、外部への持出しが禁止されているデータについて、自宅に持ち帰って作業を行うためにクラウドストレージ等にアップロードする行為や、私物のスマートフォン等の端末の業務利用が規定上認められていないにもかかわらず、無断で業務に利用する行為等があげられます。

2　関連する法制度

（1）　不正競争防止法に基づく営業秘密の侵害

　内部不正により持ち出される情報は、組織にとって機密性の高い情報であるケースが多いと考えられます。このとき、当該組織が、機密性の高い情報について、不正競争防止法に規定する「営業秘密」としての要件を満たしていれば、当該情報を不正に開示した者や取得した者などを相手として、当該情報の使用・開示の停止や損害賠償を請求するといった法的措置をとることができます。

　なお、組織の規程類において「秘密情報」「機密情報」とカテゴライズしている情報や、機密保持契約の対象としている秘密情報も、単にカテゴライズするだけでは不正競争防止法に基づく保護を受けることはできません。「営業秘密」とは、秘密として管理されている生産方法、販売方法その他の事業活動に有用な技術上または営業上の情報であって、公然と知られていないもの（不正競争防止法2条6項）をいいます。営業秘密としての保護を受けるためには、①秘密管理性、②有用性、および③非公知性の3つの要件を満たす必要があり、実務上は、特に①の秘密管理性が問題となるケースが多いといえます。

　営業秘密に該当するか否かは、最終的には裁判所の判断となりますが、保護を受けるための最低限の条件については、経済産業省「営業秘密管理指針」に詳細が定められています。

❶秘密管理性

　秘密管理性が認められるためには、「営業秘密保有企業の秘密管理意思が秘密管理措置によって従業員等に対して明確に示され、当該秘密管理意思に対する従業員等の認識可能性が確保される必要がある」とされています。

　つまり、営業秘密を保有する組織の秘密管理意思が、具体的状況に応じて経済合理的な秘密管理措置（たとえば、記録媒体への「マル秘」表示、電子

ファイルまたは電子ファイルを格納しているフォルダの閲覧に要するパスワード設定といったアクセス制御）によって従業員に明確に示され、結果として、従業員が当該秘密管理意思を容易に認識できる必要があります。秘密管理措置そのものが要件なのではなく、秘密管理措置によって秘密管理意思を示すことが重要であるという点に留意が必要です。

秘密として管理しようとするものか否かについては一定程度の区分が必要ですが、たとえば、1つの電子ファイルのうち、どこが秘密でどこが秘密でないかといった細かい指定を行う必要はなく、ファイルの中に営業秘密として管理する情報が含まれているか否かを従業員が判別できれば足りるとされています。

❷有用性

有用性の要件は柔軟に解釈されており、「秘密管理性、非公知性要件を満たす情報は、有用性が認められることが通常であり、また、現に事業活動に使用・利用されていることを要するものではな」く、「直接ビジネスに活用されている情報に限らず、間接的な（潜在的な）価値がある場合」も含み、さらに、製品の欠陥情報等のネガティブな情報にも有用性は認められると解されています。

❸非公知性

「一般的には知られておらず、又は容易に知ることができないこと」を指すと解されています。

なお、営業秘密は、多種多様な知見を組み合わせて一つの情報を構成していることが通常ですが、ある情報の断片がさまざまな刊行物に存在しており、それを集約すると営業秘密に近い情報が再構成される可能性があるとしても、直ちに非公知性が否定されるわけではありません。というのも、その断片情報も複数ありうる中、どのように組み合わせるかそれ自体に価値がある場合には営業秘密となりうるからです。「組み合わせの容易性、取得に要する時間や資金等のコスト等を考慮し、保有者の管理下以外で一般的に入手できるかどうかによって」非公知性の有無を判断することとなります。

❹営業秘密に該当する場合の法的保護

　営業秘密に該当する場合にとることができる法的な措置としては、大きく
分けると民事的措置、刑事的措置および水際措置の３つがあります。

　民事的措置としては、営業秘密の不正な取得・使用・開示の停止や削除等
を求める差止請求（不正競争防止法３条）や損害賠償請求（同法４条）があ
げられます。

　刑事的措置としては、営業秘密侵害罪（同法21条１項各号等）が設けられ
ているので、被害者は告訴等を行うことができます。なお、刑事的措置につ
いては、数次の改正を経て厳罰化されています。

　水際措置（水際取締り）とは、税関での輸出または輸入差止めをいい、営
業秘密侵害品（不正競争防止法２条１項10号）について、関税法に基づく輸
出入差止め（輸出について関税法69条の２第１項４号等、輸入について同法
69条の11第１項10号等参照）を行うことができます。

❺営業秘密管理に関するガイドライン等

　上記❶〜❸のとおり、営業秘密として法的保護を受けるための最低限の措
置を示したものが営業秘密管理指針ですが、このほか、営業秘密の漏えい防
止等の対策を示したものとして、経済産業省「秘密情報の保護ハンドブック
〜企業価値向上に向けて」（2016年２月公開、以下「秘密情報保護ハンドブッ
ク」という）が、場所・状況・環境に潜む「機会」が犯罪を誘発するという
犯罪学の考え方なども参考としながら、秘密情報の漏えい要因を考慮し、５
つの対策の目的を設定したうえで、それぞれに係る対策として、漏えいを防
止するための対策および漏えい発覚時の対応を提示しており参考になりま
す。

(2)　顧客名簿の持出しと個人情報保護法

❶内部不正による顧客名簿等の持出し

　事例２のように内部不正により持ち出されたものが顧客名簿等の場合、顧
客名簿それ自体が営業秘密の要件を満たすのであれば、上記(1)に基づく保

護を受けることになります。なお、顧客名簿は、営業秘密に該当するか否か
に関係なく、個人情報保護法に規定する個人データに該当する可能性が非常
に高いため、個人情報保護法に関する規律の適用も受けることとなります
（このうち、個人データの漏えい等に関する報告については、第2章2参照）。

❷トレーサビリティに関する義務

個人データに関しては、提供に原則として本人の同意が必要（個人情報保
護法23条1項）といった規律もありますが、内部不正者自身がそのような規
律を遵守することは考えがたいところです。

そこで、顧客名簿等の不正な転々流通の防止を期待して2015年の個人情報
保護法改正で導入された規律として、トレーサビリティに関する義務があげ
られます（個人情報保護法25条、26条）。これは、個人データの第三者提供
を行った者による記録の作成（同法25条）、第三者提供を受ける者による確
認および記録の作成（同法26条）という2つの規律から構成されています。
前者については、内部不正者が遵守することは考えがたいところですが、後
者については、内部不正者から顧客名簿等を受領しようとする第三者による
抑止が期待されるところです。適法に入手されたものではない個人データに
ついてあえてその提供を受けた場合には、同法17条1項に基づく適正取得違
反とされる可能性もあります。

個人情報取扱事業者は、第三者から個人データの提供を受けるに際して
は、①当該第三者の氏名または名称（法人その他の団体についてはその代表
者の氏名）および住所、②第三者による個人データ取得の経緯を確認しなけ
ればならず（同法26条1項）、また、提供者の氏名等、取得の経緯、本人の
氏名等、個人データの項目といった事項を記録する必要があります（同条3
項、個人情報保護法施行規則13条）。

❸刑事罰

個人情報データベース等を自己もしくは第三者の不正な利益をはかる目的
で提供し、または盗用したときは、1年以下の懲役または50万円以下の罰金
が科されます（個人情報保護法83条）。これにより、持ち出された顧客名簿

等が営業秘密に該当しない場合であっても、本条により刑事罰として捕捉できる可能性があります。

　なお、本条については、2020年改正個人情報保護法により、法人を対象とする場合には、罰金の上限が50万円から1億円にまで引き上げられることになっています。

(3)　従業員に対するモニタリング

　内部不正を防ぐための手段の一つとして、従業員に対するモニタリングがあげられます。たとえば、おのおのの企業が従業員に提供する業務用のパソコンやスマートフォン等の端末について、電子メールのモニタリングや端末画面のスクリーンショット、GPSを用いた位置の管理を行うといった手段があります。しかし、このようなモニタリングは、従業員に対するプライバシー権侵害や、個人情報保護法への抵触の可能性を検討する必要があります。

❶電子メールのモニタリングとプライバシー

　従業員に提供される業務用のパソコンにおける電子メールの私的利用については、禁止する旨の服務規律が明確に存在しない、また、存在するとしてもその運用を確保するための取組みが十分ではないという場合は、一定程度許容されると解されており、その場合、電子メールの内容はプライバシーによる保護の対象となりえます。

　モニタリングがプライバシー侵害となるか否かは、①モニタリングの必要性および目的の合理性、②モニタリングの手段・態様の相当性、③従業員の人格や自由に対する行き過ぎた支配や拘束とならないか、④従業員側に監視を甘受すべき具体的な事情があるかといった要素を総合的に考慮し、社会通念上相当として許容される範囲を逸脱するかどうかで判断されます。

❷GPSによる位置のモニタリングとプライバシー

　GPSを用いた従業員の位置情報を監視するモニタリングも選択肢としてあげられますが、位置情報は、一般的にプライバシー性が高いため、より慎重

な検討が必要となります。裁判例においては、従業員の勤務時間帯およびその前後において勤務状況を確認する場合には適法とされる傾向がありますが、一方で、早朝、深夜、休日、退職後のように、従業員の勤務時間外・勤務期間外において位置を確認することは特段の必要性がない限り許されないという傾向にあります。

❸モニタリングと個人情報保護法との関係

個人情報保護法は、企業の従業員の個人情報の取扱いについても当然適用されます。よって、電子メールや位置情報のモニタリングは、従業員の個人情報を取得し、利用していることを意味するため、個人情報保護法を遵守する必要があります。具体的には、個人情報の利用目的の特定（15条）や、目的外利用の禁止（16条）といった規律に留意する必要があるでしょう。

また、個人データの取扱いに関する従業者の監督（22条）、その他安全管理措置（20条）の一環として従業者を対象とするビデオおよびモニタリングを実施する場合の留意点として、個人情報保護委員会「「個人情報の保護に関する法律についてのガイドライン」及び「個人データの漏えい等の事案が発生した場合等の対応について」に関するQ&A」Q4-6において、次の点に留意することが考えられるとされています。

- モニタリングの目的をあらかじめ特定したうえで、社内規程等に定め、従業者に明示すること
- モニタリングの実施に関する責任者およびその権限を定めること
- あらかじめモニタリングの実施に関するルールを策定し、その内容を運用者に徹底すること
- モニタリングがあらかじめ定めたルールに従って適正に行われているか、確認を行うこと

また、モニタリングに関して、個人情報の取扱いに係る重要事項等を定めるときは、あらかじめ労働組合等に通知し必要に応じて協議を行うことが望ましく、重要事項等を定めたときは、従業者に周知することが望ましいとされています。

(4) 従業員の調査への協力

裁判例によれば、従業員による企業秩序違反行為があった場合に企業が行う調査について、従業員の調査協力義務の存在が肯定されています。しかし、この調査協力義務は、労働者の職務遂行にとって必要かつ合理的なものでなければ認められません。

情報漏えい等の事故が発生した場合も、当該事故を解明するために必要かつ合理的な範囲での調査に関しては、従業員はこれに協力する義務を負うと考えられます。

必要性と合理性を担保するため、インシデント発生時に企業が調査を行う可能性がある旨をあらかじめ規程上明確にしておくことが考えられます。

3 インシデント対応のポイント

(1) 内部不正の兆候の把握

内部不正については、行為者が故意に、組織に内密に、見つからないように情報を持ち出そうとするのが常であり、第２章（メールの誤送信）などとは異なり行為者自身による報告は期待できません。よって、外部からの連絡など、本人からの申告以外の情報を端緒として、組織として、その兆候を把握し、インシデントを検知しなければなりません。

内部不正の主体は、大きく従業員等と退職者等に分類できます。内部不正の兆候として、具体的には、以下のような要素について、タイムカードによる業務時間の把握や、部署内での報告、定期的な面談による業務量の確認等を通じて、「異様」といえる兆候を認識し、留意しておく必要があります[*28]。

❶従業員等の兆候

- 秘密情報を保管しているサーバや記録媒体へのアクセス回数の大幅な増加

28 「秘密情報保護ハンドブック」参照。同ハンドブックでは、従業員等、退職者等のほか、取引先、外部者に関する言及もあるが、本書では割愛する。

- 業務上必要性のないアクセス行為
  〔例〕担当業務外の情報が保存されたサーバやフォルダへの不必要なアクセス／不必要な秘密情報の大量ダウンロード／私物の記録媒体等の不必要な持込みや使用
- 業務量に比べて異様に長い残業時間や不必要な休日出勤（残業中・休日中に情報漏えいの準備等を行う従業者が多いため）
- 業務量として余裕がある中での休暇取得の拒否（休暇中のPCチェック等による発覚を恐れているため）
- 経済的、社会的にきわめて不審な言動
  〔例〕給与に不満を持っているにもかかわらず急激な浪費をし始めた／頻繁に特定の競合他社と接触している

❷退職者等の兆候

退職者等の漏えいの兆候としては、たとえば、以下のようなものが考えられますが、特に、中核的な業務に携わっていた元従業員については、その退職前後を通じた動き（転職先企業の業務内容を含む）の把握が重要です。

- 退職前の社内トラブルの存在
- 在職時の他社との関係
  〔例〕競合他社から転職の勧誘を受けていた
- 同僚内の会話やOB会等で話題になっている元従業員の不審な言動
  〔例〕競合他社に転職して、前職と同分野の研究開発に従事しているとの情報提供
- 退職者の転職先企業が製造・販売を開始した商品の品質や機能が、特に転職後、自社商品と同水準となった

(2) 漏えいの疑いの確認

上記(1)に基づき情報漏えいにつながりうる兆候を把握した場合は、それを放置することなく、初動対応として以下の確認の是非を検討する必要があります。その場合、直近の時点だけでなく、ある程度過去に遡って事実や状

況の確認を行う必要があります。

❶従業員等による漏えいの疑いの確認

- 文書管理台帳等による情報保有状況の確認

　〔例〕紙媒体の資料やUSBメモリ等の記録媒体のリスト管理により、漏
　　　えいの兆候のある者による重要情報の不正な持出しがないかを精査す
　　　る

- 漏えいの兆候のある者の社内パソコンについて、USBメモリ等の接続ロ
　グを確認

- 漏えいの兆候のある者の社内パソコンのログ等の保存・確認や、メール
　送信、インターネット利用履歴のモニタリング（場合によっては社内パ
　ソコンを没収して調べることも考えられる）。メールのモニタリング等
　の法的な問題点については上記２(3)のとおり

　〔例〕業務メール、インターネット上でのメール、外部ストレージ（ク
　　　ラウドサービス等）へのアップロードなどを通じた不正なデータ送信
　　　の確認

　〔例〕漏えいの兆候のある者の社内サーバ、フォルダ、電子データへの
　　　アクセスに関するログの詳細な確認

- 秘密情報を含む幹部宛のメールが、漏えいの兆候のある者の個人アドレ
　スへと自動転送されるような不正な設定がなされていないか確認

- 社内規程等に基づく監査の実施

❷退職者等による漏えいの疑いの確認

　退職予定者等による漏えいの疑いの確認については、上記❶と同様の取組
みを行うことが考えられますが、退職後に特有の確認としては、退職者の転
職先把握が特に重要です。仮に競合他社への転職の事実が確認できた場合に
は、速やかな対応を検討すべきであると考えられます。

- 漏えいの兆候のある退職者等の転職先企業およびその業務内容につい
　て、元同僚らへの事情聴取、OB会等、内部通報窓口、新聞紙面上の会
　社人事情報といったさまざまなルートでの情報収集

- 漏えいの兆候のある退職者について、退職前後での資料の大幅な減少の有無の確認
- 社内資料のリスト管理等による、漏えいの兆候のある退職者等の未返却物の確認
- 漏えいの兆候のある退職者等の退職前のダウンロードデータの内容チェック
- 漏えいの兆候のある退職者等の退職前のメール等の通信記録のモニタリング

(3) 責任追及

　内部不正の場合には、外部からのサイバー攻撃等の場合に比して、犯人として考えられる範囲が組織内の従業員、元従業員等と限定されますので、犯人を特定できる可能性が高まります。犯人を特定できた場合には、自社における被害回復や将来的な漏えいを抑止するために、厳然とした態度で責任追及を実行することが効果的です。

　責任追及のあり方としては、民事上の損害賠償請求、何らかの刑事罰に該当するのであれば刑事告訴、また、現従業員ということであれば懲戒処分、元従業員の場合は、退職時に締結した秘密保持契約や競業避止契約違反に基づくサンクションを追及するなどが考えられます。これらの手段はそれぞれ排他的なものではなく、具体的な事情に応じてとりうる選択肢をすべて検討することになります。

4 内部不正によるインシデントの予防策

(1) 5つの基本原則

　内部不正防止ガイドラインは、状況的犯罪予防の考え方を内部不正に応用し、以下の5つを、内部不正防止の基本原則としています。これは内部不正のみに通用する考え方というものではなく、外部からのサイバー攻撃につい

ても一定程度応用が可能な原則であると考えられます。

- 対策を強化することで犯罪行為をむずかしくする（やりにくくする）
- 管理や監視を強化することで捕まるリスクを高める（やると見つかる）
- 標的を隠したり、排除したり、利益を得にくくするなど、犯行の見返りを減らす（割に合わないと感じさせる）
- 犯行の誘因を減らし、犯罪を行う気持ちにさせない（その気にさせない）
- 犯行者による自らの行為の正当化理由を排除し、犯罪の弁明をさせない（言い訳させない）

（2）　５つの原則と25分類

　内部不正防止ガイドライン付録Ⅵにおいて、内部不正防止の基本５原則と25分類およびおのおのの対策例がまとめられており参考になります（**図表3-1**）。そのうちのいくつかを抜粋して補足します。

❶基本方針の策定

　サイバーセキュリティ対策全般にいえることですが、内部不正を防ぐためには、組織全体において効率的な対策を推進するために経営者の積極的な関与が重要です。

　内部不正対策が経営者の責任であることを示すとともに、最高責任者である経営者が総括責任者を任命し、管理体制や実施策を承認するなどして、組織横断的な管理体制を構築する必要があります。

❷情報資産の管理

　組織的な情報管理策として、組織内の情報資産を的確に把握することを前提に、重要な情報に関する格付けを行い、格付けに応じた管理を行う必要があります。

　これにあわせて、従業員の利用IDを厳格に管理するとともに、異動や離職に伴い不要となったIDを速やかに削除する等の運用も重要です。

❸人的管理

　組織内の情報セキュリティポリシーや、懲戒に関する規程類について、従

図表3-1　内部不正防止の基本５原則（25分類）と対策例

基本５原則と25分類	対策例
①犯行をむずかしくする：対策強化	
対象の防御策を強化する	アクセス制御、パスワードポリシーの設定、退職者のID削除、セキュリティワイヤーによるPC固定
施設への出入りを制限する	外部者の立入り制限、入退出管理
出口で検査する	ノートPC等の持出し検査、メールやネットの監視
犯罪者をそらす	物理レベルに応じた入退制限
情報機器やネットワークを制限する	未許可のPC/USBメモリの持込み禁止、SNSの利用制限、ホテルおよび公衆の無線LANの利用制限
②捕まるリスクを高める：管理・監視の強化	
監視を強化する	アクセスログの監視、複数人での作業環境、情報機器の棚卸し、モバイル機器の持出し管理、入退室記録の監査
自然監視を支援する	通報制度の整備
匿名性を減らす	ID管理、共有アカウント廃止、台帳による持出し管理
現場管理者を利用する	単独作業の制限
監視体制を強化する	監視カメラの設置、機械警備システムの導入
③犯行の見返りを減らす：ターゲットを隠す、利益を得にくくする	
標的を隠す	アクセス権限の設定、モバイル機器等の施錠保管、のぞき見防止フィルムの貼付
対象を排除する	データの完全消去、記録媒体等の物理的な破壊、関係者に開示した情報の廃棄・消去
所有物を特定する	情報機器および記録媒体の資産管理
市場を阻止する	警察への迅速な届出、（法制度対応）
利益を得にくくする	電子ファイル・ハードディスク・通信の暗号化
④犯行の誘因を減らす：犯罪を行う気持ちにさせない	
欲求不満・ストレスを減らす	公正な人事評価、適正な労働環境、円滑なコミュニケーションの推進
対立（紛争）を避ける	
感情の高ぶりを抑える	
仲間からの圧力を緩和する	
模倣犯を阻止する	再発防止策、（インシデントの手口の公表を慎重にする）
⑤犯罪の弁明をさせない：犯人による行為の正当化理由を排除	
規則を決める	基本方針の策定、管理・運用策の策定、業務委託契約、就業規則
指示を掲示する	基本方針の組織内外への掲示、教育による周知徹底
良心に警告する	管理レベル表示、誓約書へのサイン、持込み禁止のポスター
コンプライアンスを支援する	遵守事項や関連法などの教育
薬物・アルコールを規制する	（職場での飲酒禁止、重要情報所持時の飲酒制限）

注：対策例の（ ）は、内部不正防止ガイドラインの対策項目以外の例

業員に対する教育・研修を定期的に実施するとともに、必要に応じて従業員との間で秘密保持契約、また、退職者との間で必要に応じて秘密保持契約および競業避止契約を締結することも有効な対策の一つです。

❹早期検知のためのアラート

　外部からのサイバー攻撃にも共通することですが、内部不正が行われる場合には、大量のデータがコピーされる等の兆候が出てきますので、一定の条件を満たした挙動が情報システム内で見られた場合にアラートが発せられるような機能を導入することも選択肢の一つとなります。

第4章 サイバー攻撃による マルウェア感染

> **【事例3】**
> ①X社従業員Aは、届いたメールの添付ファイルを開いてしまったが、大きな変化がなかったため放置していたところ、あとからマルウェアに感染していたことがわかった。
> ②Y社は、新型コロナウイルス感染症の流行を受けて急遽テレワーク環境を整えるべく、普段からつき合いのあるベンダに言われるがままVPNを導入したが、アップデートを怠っていた。

1　サイバー攻撃によるマルウェア感染と情報漏えい等

（1）　標的型攻撃の脅威

　サイバーセキュリティに関するインシデントのうち、発生数が大きいインシデントがメールの誤送信等であることは第2章で述べたとおりですが、外部からのサイバー攻撃による情報流出もコンスタントに発生しています。また、報道等で公開されるケースが少ないため、実際の数は社会一般に認識されているイメージより多いと考えられます。

　サイバー攻撃として非常に多く行われているパターンの攻撃は、メールを通じた標的型攻撃です。メールに不審なURLや不審な添付ファイルを付けて、受信者にURLにアクセスさせる、または添付ファイルを開かせるなどしてマルウェアに感染させるというものです。無秩序にばらまきを行うウイルスメールと異なり、特定の企業をターゲットとして、執拗かつ継続的に攻撃を行ってくることが特徴で、情報資産や金銭的価値の窃取を目的としています。

　攻撃の目的としては、国家を背景とするサイバー諜報活動である場合や、

金銭目的の場合等さまざまなものがあげられます。いずれにせよ、サイバー攻撃を受けることで、会社が秘密として管理している顧客情報、取引情報、技術情報といったものが流出し、顧客に対する損害賠償、組織としての経済的損失、組織に対する社会的信用の失墜等、企業の今後のあり方に大きな影響を及ぼすおそれがあります。

　また、近年、政府から委託を受けた業務を行っているとみられる大企業がサイバー攻撃を受けた旨の報道が多くなされるなど、日本の国家安全保障にも影響するおそれのある事案が増えており、2020年には、三菱電機、NEC、神戸製鋼所、パスコ、NTTコミュニケーションズ等で、サイバー攻撃による不正アクセス等の被害を受けた旨が公表されています。

　IPA「情報セキュリティ10大脅威2020」においても、標的型攻撃による機密情報の窃取は、組織の10大脅威の第1位に位置づけられており、脅威として強く認識するとともに対策が必須といえます。

(2)　標的型攻撃の典型例

　標的型メール攻撃における代表的な攻撃手法は、電子メールに記載したURLを受信者にアクセスさせる、添付したファイルを受信者に開かせるなどしてマルウェアに感染させるというものです。

　また、ターゲットが普段閲覧するウェブサイトを改ざんし、閲覧者をマルウェアに感染させるケースもあります（後述(6)参照）。

　マルウェアに感染した場合、まず感染した端末が遠隔操作され、当該端末からアクセスできる場所の探索を通じた情報収集や、さらなる攻撃ツールのダウンロードを行うことが典型的です。こうして、組織内の一つのパソコンを感染させたのち、攻撃者はさまざまな情報収集を行いながら、ファイルを窃取したり、機密性の高いファイルにアクセスできる権限を有するアカウントをさらに乗っ取るという活動を行い、より機密性の高い情報の窃取を狙います。事例3①のように、画面上は大きな変化はありませんが、裏ではさまざまな活動が進行しています。

攻撃者は、メール受信者をマルウェアに感染させるために、さまざまな手口を開発し、URLにアクセスさせたり、ファイルを実行させようとしてきます。以下では、攻撃者の手口の例を紹介します。

(3)　ファイルを実行させるための手口

❶実行ファイルを開かせるための手口

　添付ファイルについては、拡張子が「.exe」の実行ファイルが危険であることは現在広く知られているため、それが直接添付されていても開く人は少なくなってきたと思われますが、攻撃者は、さまざまな手法を駆使して、人の心の隙を突いてファイルを開かせようとしてきます。以下にその例をあげます。

①「.scr」（スクリーンセーバー）といったexeではない馴染みの薄い実行ファイルの拡張子が用いられている。

②ファイル名の中に異なる拡張子を入れている。

　〔例〕「worddesu.doc.exe」という名前になっているなど、拡張子を表示する設定にしていないとWordファイルのように見える

③「aaaaaaa.txt　　　　　　　　　　　　　　　　　.exe」など、長い空白を挿入したファイル名により拡張子が見えづらくなっている。

④実行ファイルのアイコンがPDFやWordに偽装されている。

⑤RLO（Right-to-Left Override）機能を用いてファイル名が偽装されている（RLO機能は、文字制御のための機能であり、本来は、アラビア語のように、「右から左に向けて文字が流れる」文化圏に対応するためのもの）。

　〔例〕「tekisutotxt.exe」という名前のファイルについて、「txt.exe」部分にRLOを適用すると「txt.exe」のみファイル名が右から左への表示になるため、ファイル名が「tekisutoexe.txt」と表示され、テキストファイルのように見える

これらの手段は組み合わせて用いられる場合があります。たとえば、④と

⑤を組み合わせると、アイコンもファイル名もテキストファイルにしか見えなくすることができますので、実行ファイルであることがかなりわかりづらくなります。なお、⑤のRLOについては、zip圧縮した場合などに攻撃者の意図どおりに表示されない場合も多いところです。

❷実行ファイル以外の注意点

WordやExcelといったMicrosoft OfficeのファイルやPDFファイルであっても、マクロ等の拡張機能の実行を通じてマルウェアに感染させるケースもありますので、実行ファイルでないからといって安心するのは危険です。Microsoft Officeファイルの場合、警告ダイアログを受け入れる（「コンテンツの有効化」など）と拡張機能が実行され、マルウェアに感染するというものが典型的です。

さらに、今日では、実行ファイルを用いない「ファイルレスマルウェア」を用いた攻撃も増加しています。ショートカットファイルの「.lnk」等を通じて、Windowsに標準搭載されているPowerShellという機能を用いてマルウェアをダウンロードさせる仕組みになっており、実行ファイルの痕跡が残らないことが特徴です。

（4） メール記載のURLにアクセスさせるための手口

添付ファイルを開かせるための手法と同様、攻撃者は、さまざまな手口を用いて、メールに記載したURLにアクセスさせ、マルウェアをダウンロードさせようとしてきます。

明らかに怪しいURLであれば警戒心が働きますが、たとえば、メールがテキスト形式ではなくhtml形式で書かれている場合、メール本文に記載されているURLと、実際のリンク先が異なっている場合があります。

具体的には、メール本文には「https://〔本物のドメイン〕.com」と書かれていても、クリックすると「https://〔偽サイト等のドメイン〕.com」にアクセスするようになっている場合があります。今日では検索エンジンが非常に便利になっているため、ウェブサイトにアクセスする際には、必要ない限り、

　2020年に開催が予定されていた東京オリンピック・パラリンピックは新型コロナウイルスの流行を受けて延期になりましたが、オリンピック・パラリンピックのチケットがインターネットで抽選販売されていたことは記憶に新しいところです。きわめて大規模かつ老若男女を問わないターゲット層の広いインターネット販売であり、チケット販売に関する偽サイト等がすでに多数出現していました。大会組織委員会は、ある対策を行い、それを周知するように徹底していました。

　それは、「大会組織委員会から送る抽選結果メールには絶対にURLを載せない」ことでした。メールを起因とするサイバー攻撃やフィッシングサイトへの誘導が非常に多い中、メールにURLを載せないことによってこうした攻撃や誘導を防ぐというのは、詐欺による被害を減らすために非常に有効な手段の一つであったと考えられます。これは、いつでも使える手段というわけではありませんが（たとえば会員登録時に、メールでアカウントの有効化のためのURLが送付される場合など）、他の企業等にとっても、メールを起因とするインシデントによる被害を減らすための有効な手段の一つと思われます。

メールをクリックするのではなく、ひと手間かかるとしてもGoogle等で検索して目的のサイトにアクセスするほうが安全です。

（5）　受信者を油断させるためのなりすまし

　攻撃者が電子メールの受信者を油断させ、添付ファイルを開かせたりURLにアクセスさせる手段として、関係者になりすますという手法もよくとられます。

❶メール送信元の偽装

　典型的なものとしては、メール送信元（From）の偽装があげられます。実際にはまったく異なるメールアドレスなのに、正規のアドレスかのように表示されることがあり、たとえば、大手ECサイト（Amazon、楽天等）を装ったメールが送信される場合等があります。

❷紛らわしいメールアドレス

　紛らわしいドメインを用いたメールアドレスから送られるというケースも

あります。たとえば、「xxx@tadashii〔任意の文字列〕.com」というメールアドレスが正式に用いられている場合に、「xxx@tadasii〔任意の文字列〕.com」というメールアドレスを用いるというものです（@のうしろが「tadashii」か「tadasii」かの違いがある）。この場合、上記❶のようにメールアドレスを偽装しているわけではなく、単に紛らわしいアドレスを用いているだけなので、メール送信元（From）の偽装対策が役に立たないという特徴があります。

　そのほか、たとえば、日本の政府機関等が用いるメールアドレスの末尾は「go.jp」となっており、信頼性が高いイメージがありますが、「jp」ドメインを取得する際にこれを利用して紛らわしいメールアドレスにするケースもあります。一例として、総務省が所管する国立研究開発法人情報通信研究機構（NICT）のメールアドレスは、「xxx@nict.go.jp」ですが、これを利用して「xxx@nictgo.jp」というメールアドレスを用いる、などが考えられます。

　❸メールアドレスの乗っ取り

　以上、❶および❷は、本物ではないメールアドレス等を用いることを前提としたものですが、サイバー攻撃を行う者が特定の組織従業員のメールアカウントを窃取し、従業員になりすまして本物のメールアドレスからメールを

コラム5　紛らわしいドメインへの対策

　紛らわしいドメインを用いたメールアドレスによる攻撃への対策としては、自ら紛らわしいドメインをあらかじめ取得してしまうというものがあげられます。
　たとえば、本章で取り上げている「nictgo.jp」については、すでにNICT自身がドメインを取得している（紛らわしいドメインの不正利用対策と思われる）ため、このドメインを用いて紛らわしいメールアドレスを使用することはできません。なお、特定のドメインを誰が登録しているかについては、Whoisというサービスを用いて調べることができます。
　ただし、ドメインの取得およびその維持には一定の費用がかかり、また、新しいドメインが年々増えている現状もあり、どこまで紛らわしいドメインをあらかじめ取得するかは悩ましい問題です。

送ってくる場合もあります。こうなると、もはやメール内容を見て判別するしかありません。

❹マルウェア「Emotet」
<ruby>Emotet<rt>エモテット</rt></ruby>

2019年、2020年と、「Emotet」と呼ばれるマルウェアが猛威を振るっています。感染が非常に拡大している原因の一つとして、このマルウェアが非常に巧妙な機能を有していることがあげられます。Emotetは、感染した端末から窃取した情報を用いてスパムメールを感染端末の関係者にばらまく機能を有していますが、実際にやり取りを引用する形でマルウェア付のメールを送信するという巧妙な手段を用いており、引っかかってしまう人が多いのが現状です。

マルウェアEmotetに関しては、さまざまなセキュリティ関係機関が注意喚起を出していますので、そちらをご参照いただき、十分な注意を払う必要があります[*29]（図表4-1）。

(6) その他の標的型攻撃の手法

メールを用いた標的型攻撃以外にも、特定の組織をターゲットとした攻撃としては、たとえば、ターゲットとなる組織が利用するウェブサイトを改ざん（詳細は第9章を参照）し、当該ウェブサイトを閲覧するとマルウェアに感染する仕掛けを施す（これを「水飲み場型攻撃」ということもある）という手法や、組織が利用しているクラウドサービスやウェブサーバへ不正アクセスし、認証情報等を窃取したうえで社内システムにアクセスするといった手法があげられます。

(7) テレワーク環境を狙ったサイバー攻撃

新型コロナウイルス感染症の流行を受けて、テレワークの導入またはその

---

29 たとえば、JPCERT/CC「マルウェア Emotet の感染に関する注意喚起」など。JPCERT/CC はこのほか、Emotet への対応 FAQ や、2020 年に再度感染が広がっていることの注意喚起等を発している。

図表4-1　Emotetの感染により発生する被害のイメージ

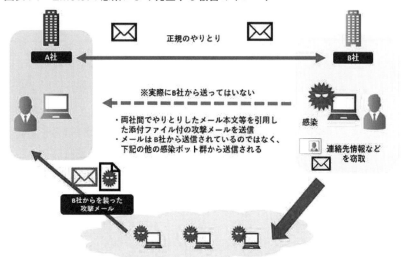

出典：JPCERT/CC「マルウェアEmotetの感染活動について」https://www.jpcert.or.jp/newsflash/
　　　2019112701.html

利用促進が加速しています。テレワークとは、労働者が情報通信技術を利用
して行う事業場外勤務をいい、①在宅勤務、②サテライトオフィス勤務、③
モバイル勤務等[30]の類型があります[31]。

　テレワークは、勤務の場所や状況を選ばないという点で業務効率化に資す
る側面がありますが、一方で、導入にあたって社内規程類の整備が必要です。
加えて、インターネットを利用して業務を行うこと、従業員以外の第三者が
立ち入る場所での無料Wi-Fiスポットの利用等により作業を行うこと、業務
用ではなく私物の端末を使うこと等により、情報漏えい等のリスクが増大す
るため、セキュリティを意識することも不可欠です。

---

30 ノートパソコンやスマートフォン等を活用して臨機応変に選択した場所で業務を行うもの。
31 厚生労働省「情報通信技術を利用した事業場外勤務の適切な導入及び実施のためのガイドライ
　　ン」https://www.mhlw.go.jp/content/000545678.pdf 参照。

テレワーク環境の増加を狙ったサイバー攻撃への懸念から、たとえば、JPCERT/CCは、2020年 4 月14日付で、テレワーク環境の脆弱性等（複数のVPN製品の脆弱性等）を狙った攻撃活動を複数確認している旨の注意喚起を行い、VPN製品の脆弱性に関する情報やその修正、アップデートの要否確認など、必要な対策例を示していました。[*32]

　しかし、同年 8 月には、ある企業の従業員が、在宅勤務時に社内ネットワークを経由せずにインターネットを通じて第三者からマルウェアを含んだファイルをダウンロードしたことをきっかけに不正アクセスを受け、情報漏えいが発生したとの報道があり、同月には、VPN製品の脆弱性を突いたサイバー攻撃により、38社の日本企業を含む約900社において、VPN接続のためのIDやパスワード等が漏れた可能性があるとの報道もありました。

　これらのインシデント（特に後者）は、在宅勤務の開始が契機となった可能性がありますが、根本原因は、事例3②のように、VPN製品のアップデートを行わなかったことで脆弱性が修正されていなかったことである可能性があります。

　個人情報保護委員会は、2020年 9 月23日付で、テレワークに伴う個人情報漏えい事案に関する注意事項として、これらの報道を参考にしたと思われる次の 2 つの事例をあげています（**図表4-2**）。[*33]

- テレワーク中の社員がSNSで知り合った第三者から送られたメールを通じてマルウェアに感染し、出勤時に当該感染PCを社内ネットワークに接続したことで社内システムの情報が漏えい
- 脆弱性があるVPN機器への不正アクセスにより社員の認証情報等が外部に漏えい

　セキュリティリスクに対応しながらテレワークを実施するための方策としては、上記注意喚起のページのほかに、総務省「テレワークセキュリティガイドライン（第 4 版）」、これまでテレワークを導入していなかった中小企業

32「長期休暇に備えて 2020/04」https://www.jpcert.or.jp/newsflash/2020041401.html
33 https://www.ppc.go.jp/news/careful_information/telework/

図表4-2　攻撃手法のイメージ

①テレワーク中の社員がSNSで知り合った第三者から送られたメールを通じてマルウェア
に感染し、出勤時に当該感染PCを社内ネットワークに接続したことで社内システムの情
報が漏えいした例

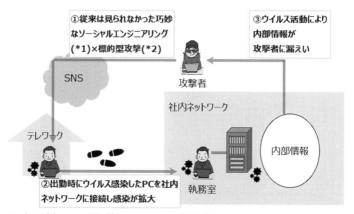

*1 本人しか知らない重要な情報を、人間心理の性質などを利用して盗み出す方法のこと。
　　一見相談に乗るような手口で近づくことで信頼させ、ログインパスワードや連絡先を聞き出す等
*2 狙いを定めた組織に対して情報の窃取や削除を目的に行われるサイバー攻撃のこと。
　　その組織の従業員宛てにウイルスが添付された電子メールを送り付ける等

②脆弱性があるVPN機器への不正アクセスにより社員の認証情報等が外部に漏えいした例

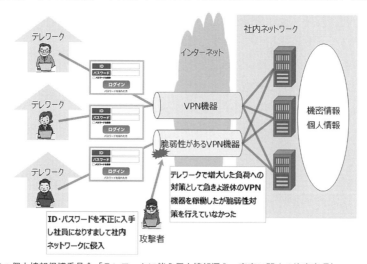

出典：個人情報保護委員会「テレワークに伴う個人情報漏えい事案に関する注意事項」

等向けに実践的かつわかりやすくテレワークにおけるセキュリティ対策を解説している総務省「中小企業等担当者向けテレワークセキュリティの手引き（チェックリスト）」（2020年9月公開）等が参考になります。

テレワークは、新型コロナウイルスの影響で急速に広がったため、当初は緊急的な対応として、セキュリティより感染の拡大防止が優先された側面があったと思われます。しかし、Withコロナの時代になるにつれて、テレワークの導入・実施にあたっては、リスク管理およびセキュリティ対策の整備を適切に行うことが求められるようになると考えられます。

2 関連する法制度

(1) 刑法上のサイバー犯罪

サイバー攻撃を受けて情報漏えい等が生じているということは、サイバー犯罪の被害に遭っていることを意味します。代表的なサイバー犯罪としては、たとえば、以下のようなものがあげられます。

企業の担当者において、詳細な犯罪の成立要件（構成要件）まで把握する必要はないと考えますが、サイバー攻撃を受けた際に攻撃者に成立しうる犯罪としてどのようなものがあるか、どういった場合に成立する可能性があるか、基本的な事項は押さえておいたほうがよいと考えられます。

❶不正指令電磁的記録に関する罪

たとえば、マルウェアなどのコンピュータ・ウイルスによって企業活動が阻害された場合には、攻撃者に不正指令電磁的記録に関する罪（刑法168条の2）が成立する可能性が高いです。これは、不正指令電磁的記録の作成、供用（コンピュータの使用者にはこれを実行しようとする意思がないのに実行されうる状態に置くこと）、提供、保管等を処罰するものであり、2011年に、コンピュータのプログラムに対する社会的な信頼を保護するために新設

---

34 「人が電子計算機を使用するに際してその意図に沿うべき動作をさせず、又はその意図に反する動作をさせるべき不正な指令を与える電磁的記録」と定義されており、マルウェア等が典型例である。

されました。法務省は、この罪について、「いわゆるコンピュータ・ウイルスに関する罪について」と題する解釈文書[35]を公開しています。

❷電子計算機損壊等業務妨害罪

マルウェアなどにより、コンピュータのデータの改ざん、損壊等を行い、コンピュータの使用目的に沿うべき動作をさせず、または使用目的に反する動作をさせて業務を妨害した場合には、電子計算機損壊等業務妨害罪（刑法234条の2）が成立する可能性があります。

大きく分けて①加害行為、②動作阻害、③業務の妨害という3つの要素を満たす必要がありますが、現に業務が妨害されたという結果までは必要ではなく、業務を妨害するおそれが生じていればよいと解されています。

たとえば、放送会社のウェブサイトに掲載されていた天気予報画像データファイルを消去し、代わりにわいせつ画像データファイルを掲載し、ウェブサイト開設者の意図に反して、当該ウェブサイトにアクセスする者にわいせつ画像を閲覧させた行為について本罪が成立しています[36]。

❸電磁的記録不正作出罪・電磁的記録毀棄罪

マルウェア等によって乗っ取ったパソコンを通じて、本来データへのアクセス・編集権限がないのに不正にデータを改ざんする行為は、電磁的記録不正作出罪（刑法161条の2）に該当する可能性があります。❷の電子計算機損壊等業務妨害罪と異なり、業務の妨害という要素が不要です。

また、「不正に」改ざんする行為を処罰するもの、つまり、権限がないのにデータを改ざん、削除等することを処罰するものであって、権限ある者が事実と異なるようにデータを改ざんする行為は本罪の対象ではないという点が本罪のポイントとしてあげられます。

加えて、データの記録媒体を破損させたり、消去・改変したりする等してデータの効用を失わせる行為については、電磁的記録毀棄罪（刑法258条、259条）が成立する可能性があります。

---

35 http://www.moj.go.jp/content/001267498.pdf
36 大阪地判平成9年10月3日判タ980号285頁

❹電子計算機使用詐欺罪

　たとえば、インターネットバンキングにおいてIDやパスワードを不正入手して他人になりすまして不正にログインし、別の銀行口座に送金するような場合には、電子計算機使用詐欺罪（刑法246条の２）が成立する可能性があります。

(2)　不正アクセス禁止法

　不正アクセス禁止法においては、大きく分けて、①不正アクセス行為に関する定めと、②不正アクセス行為につながるいわゆるフィッシング行為に関する定めが置かれています（②については第７章を参照）。

　①について、同法は、ネットワーク（電気通信回線）を通じて他人の識別符号を入力すること等により、アクセス制御機能により制限されている特定利用（ネットワークに接続している電子計算機の利用）をしうる状態にさせる行為を不正アクセス行為として捉え、これを禁止および処罰しています(不正アクセス禁止法２条４項、３条、11条)。

「不正アクセス行為」というためには、アクセス管理者がアクセス制御機能(特定電子計算機にアクセスをしようとするユーザをID・パスワード等の識別符号により自動的に識別、認証するため、アクセス管理者によって付加される機能）を付加し、当該特定電子計算機に対してネットワークを通じて別のユーザがアクセスする際に、アクセス制御機能により制限することが必要です（同法２条３項）。したがって、いわゆるスタンドアローン（ネットワークに接続されていない）のコンピュータについては、本法は適用されません。

3　インシデント対応のポイント

(1)　マルウェア検知の重要性

　マルウェア感染への対応については、基本的には第１章で述べたとおりです。マルウェア感染インシデントに対応するという場合には、マルウェアを

検知することが非常に重要です。マルウェアは、短時間で、それこそ分単位で多数のユーザ、情報システムの広範囲に影響を及ぼす可能性が高く、早く検知できればそれだけ感染の範囲を大幅に抑えることができる可能性があります。

(2)　情報収集の重要性

マルウェアを用いるサイバー攻撃においては、他の組織、特に海外の組織等で同種の攻撃が観測されているといった何らかの兆候が観測されている場合がありますので、サイバー攻撃およびその攻撃で用いられているマルウェアに関して、平時から情報を収集しておくことが重要です。

情報収集先としては、各セキュリティ機関やセキュリティベンダ、ニュースサイトから得られるオープンソースベースの情報や、情報共有のコミュニティや情報共有体制（第11章参照）から得られる情報、また、有償で提供される脅威インテリジェンスサービスを利用するといったさまざまな選択肢があります。

(3)　マルウェア対策のソリューション

マルウェアを迅速に検知するためには、典型的には、ファイアウォールやアンチウイルスソフトを導入することがあげられます。これらのみであらゆるインシデントの発生を防止できるわけではありませんが、アンチウイルスソフトをはじめとする基本的なソフトすら導入しておらず、それに起因してマルウェアに感染した場合には、当該企業に対する非難が大きくなる可能性があります。今日では、さまざまな企業が提供するアンチウイルスソフトのほか、Windowsに標準搭載されているもの（Windows Defender）も利用可能です。

その他、今日では、ネットワーク監視やエンドポイント（個々の従業員の端末等を指す）監視などのマルウェア対策のためのさまざまなソリューションが提供されていますが、過分なものを導入してもその機能をフル活用する

脅威インテリジェンスサービスとは、明確な定義はありませんが、一般論としては、サイバーセキュリティ上の脅威に関する情報（不正アクセスに関する情報、情報漏えいに関する情報、フィッシングサイトに関する情報等）を収集し、当該情報を分析・集約し、分析結果等の付加価値をつけたものを顧客に提供するという形態をとるサービスが多く、提供する企業の数も増加傾向にあります。

脅威インテリジェンスサービスを提供する企業の情報源としては、一般公開されているニュースサイトやSNSなどのようなサーフェスウェブのみならず、いわゆるダークウェブ、つまり、一般的なウェブブラウザでは閲覧することができず、また、一般的な検索エンジンでも探すことができず、アクセスするためには特定のソフトウェアや設定、認証が必要となるウェブサイトから情報を収集している例も多いところです。

ダークウェブは、匿名性の高いアクセスを可能としているものが多く、その一部においては、高い匿名性を悪用し、漏えいしたクレジットカード情報や児童ポルノなど、違法なコンテンツを有償で（ビットコイン等が決済手段になっている場合も多い）提供していることもあります。

このようなダークウェブから、たとえばサイバー攻撃により不正に入手された個人データを有償で取得するような場合に、それが個人情報保護法との関係で問題が生じないかどうか、また、サービスを利用する企業としては、サービス提供企業の業務の適法性に問題がないかどうかなどを、提供されるサービスの内容に照らして慎重に判断する必要があると考えられます。

ことはできず、コストも非常に高くなりますので、自組織の事情に照らして適切なソフトウェア等の導入を検討することが肝要です。

(4)　マルウェアの封じ込め

マルウェアに関するインシデントが発生した場合には、マルウェアの挙動を封じ込め、被害の拡大を防ぐことが重要となります。上記(3)のマルウェア対策ソリューションによる封じ込めや、感染端末の特定および隔離といった手段が考えられますが、インシデントの深刻性によっては、局地的な対処では足りず、提供サービスの部分的な無効化や、ネットワークからの遮断といった根本的な手段をとらなければならない場合もあります。そのような場

合でも、企業としては、無効にすべき箇所を最小限にし、事業への影響を最小限にしつつ、効果的にマルウェアを封じ込められる手段を検討することが目標となります。

任務保証の考え方（第1章2(2)参照）に基づき、当該企業にとって、停止してはならない業務やサービスはどのようなものか、また、停止せざるをえないとしても、どのようにすれば短時間の停止で抑えることができるか、を検討することが重要です。

こうした観点からも、サイバーセキュリティに関するインシデントの発生をトリガーとした事業継続計画（BCP）を定めることが重要です。

(5)　サイバーレスキュー隊「J-CRAT」

標的型メール攻撃については、JPCERT/CCがインシデント対応依頼を受け付けています。そのほか、IPAは、標的型サイバー攻撃による被害拡大防止のため、サイバーレスキュー隊「J-CRAT」を2014年に発足させています。

IPAに特別相談窓口が設けられており、標的型メール攻撃を受けたおそれがあると判断した場合に情報提供を行い、助言を受けることができます。インシデントの深刻さによっては、レスキュー活動にエスカレーションされ、支援を受けることができるケースもあります。

4　サイバー攻撃に起因するインシデントの予防策

(1)　サイバー情報共有イニシアティブ「J-CSIP」

標的型サイバー攻撃を防ぐための平時からの対策としては、情報共有体制を通じた情報収集も重要ですが、IPAは、上記サイバーレスキュー隊「J-CRAT」のほかに、標的型攻撃に関する情報を共有し、同種の攻撃による被害を防ぐための枠組みである「J-CSIP」を2011年に発足しています。

厳格な秘密保持契約（NDA）のもとで情報を取り扱っているため、こうした体制に参加して情報収集を行うことも考えられます。

（2）　標的型メール攻撃訓練

　上記1で述べたとおり、マルウェア感染に関するインシデントにおける大きな脅威の一つが、人の心の隙を突いた標的型メール攻撃となります。組織の従業員等に当事者意識を持ってもらいつつ、不審なメールへの対処を学んでもらうために、標的型メール攻撃に関する訓練を実施することが考えられます。

　訓練にあたっては、①訓練で不審メールに引っかかってしまった従業員等を責めないこと、そして、②引っかかった人数や割合などの数字を気にしないこと、が注意点としてあげられます。

　標的型メール攻撃訓練における訓練用の疑似不審メールは、いくらでも巧妙に作成することができますので、作り込み次第で引っかかってしまう人数や割合は変動します。また、いくら訓練を積んだとしても、ヒューマンエラーをゼロにすることは不可能です。

　つまり、疑似不審メールに引っかかってしまった従業員がいたとしても、それを責めても意味はなく、むしろ、当該従業員を責めてしまうと、実際のインシデントが発生した場合に、それを報告しないまま隠ぺいしてしまうリスクが生じます。

　こうした標的型メール攻撃訓練については、組織内の規程類に則って、不審メールを発見した場合にどこへ連絡すべきかという手順を確認する機会、そして、実際に不審メールに引っかかってしまった場合にどのような対処をすべきか、どこへ連絡すべきかを訓練する機会と捉え、疑似不審メールに引っかかった者を責めるのではなく、その者が適切に手順に沿って報告をした場合に、それを評価すべきと考えられます。

　訓練は、一定程度インシデントの発生予防に寄与することは間違いありませんが、ゼロにすることは不可能です。訓練を実施する際には、この点に留意する必要があります。

（3）　マルウェア対策のためのルールづくりと意識の向上

　組織としてマルウェア感染の可能性や感染の拡大を抑えるためのルールづくりを行うことが肝要です。たとえば、組織としてのインシデントに対応するための連絡体制、USBメモリ等の外部記録媒体の利用可否に関する取り決めや、貸与端末等における利用可能ソフトウェアに関する取り決め等を行うことが考えられます。

　また、上記(2)の標的型メール攻撃訓練も同様ですが、各従業員等のインシデントの防止に対する意識を向上させ、当事者意識を持たせることも非常に重要です。そのために、上記1で言及したような、不審なメールの添付ファイルをむやみに開かない、不審なURLにむやみにアクセスしないといった基本的な対策について、適宜のタイミングで訓練等を通じて周知をはかることが考えられます。

第**5**章 ランサムウェア

【事例4】
　X社の情報システム部門は、営業部門の従業員Aから、「業務で使用しているパソコンにロックがかかっており、解除するためにはビットコインを払えという画面が出てきた」という連絡を受けた。

1　ランサムウェア攻撃と関連法制度

（1）　ランサムウェアの脅威

　ランサムウェアとは、身代金を意味する「Ransom」と、ソフトウェア（Software）を組み合わせた造語であり、身代金を要求するマルウェアの一種です。

　典型的な挙動として、ランサムウェアに感染すると、パソコン等のファイルが暗号化される、または画面がロックされる等して、パソコン等の端末の利用に制限がかかり、ファイルの暗号化、画面ロックを解除するためには金銭（多くの場合、ビットコイン等の暗号資産）を支払わなければならない旨の脅迫文が画面に表示されます（**図表5-1**）。

　第1章で言及したとおり、2017年には、「WannaCry」と呼ばれるランサムウェアの感染が世界中で拡大しました。幸い、日本では大きな被害は生じなかったものの、海外では、たとえばイギリスの病院で診療・手術が一部中止される等、人の生命、身体に関わる業務に支障を及ぼす被害が発生しました。

　感染ルートとしては、メールの添付ファイルを開いたり、ソフトウェアの

図表5-1　ランサムウェアによる脅迫画面の一例（ランサムウェア「WannaCry」）

出典：IPA「更新：世界中で感染が拡大中のランサムウェアに悪用されているMicrosoft製品の脆弱
　　　性対策について」

脆弱性等の悪用といったものが典型的です。ランサムウェアの特徴として
は、身代金を要求してくるという点もあげられますが、画面がロックされ操
作ができなくなる挙動のものが多いため、感染すると直接的に業務遂行に支
障が出る可能性があるという点があげられます。

　なお、これも契機として、サイバーセキュリティに関する情報共有の重要
性がますます高まり、基本法の改正、およびサイバーセキュリティ協議会の
設立につながりました。

　IPA「情報セキュリティ10大脅威2020」においても、ランサムウェアによ
る被害は組織の10大脅威の第5位に位置づけられており、警戒が必要な脅威
の一つということができます。

（2）　ランサムウェアによる攻撃傾向の変化

　従来、ランサムウェアについては、明確な標的を定めるものではなく、無
秩序に不特定多数に対して攻撃を行う、いわゆるばらまき型と呼ばれる方法

2020年9月10日、ドイツの病院がランサムウェア攻撃を受けシステムがダウンしたことにより、当該病院に搬送中であった女性患者の受入れが不可能となりました。当該患者は、30km離れた別の病院に搬送されることとなりましたが、治療開始が約1時間遅れ、病院到着後に死亡したという報道がありました。

これは、病院へのランサムウェア攻撃による直接的な影響を受けて死者が出てしまった世界初の事例ともいわれています。

一般に、サイバー攻撃は、直接人の生命・身体に影響が及ぶものではないといわれていますが、医療機関などのシステムがダウンすることで上記報道のように人の生命・身体が危険にさらされる可能性があることはもちろん、今後、ドローンや医療用のロボット、自動運転といったものが普及することで、サイバー攻撃により人の生命・身体が危険にさらされる事例の増加が懸念されます。

で広く攻撃を行っていました。

しかし、2018年〜2019年頃より、第4章で触れた標的型攻撃としてランサムウェアを用いる攻撃者が出現しており、以下の2つの攻撃手口が確認されています。[37]

❶人手によるランサムウェア攻撃（標的型ランサム）

ウイルスを添付したメールを不特定多数に機械的にばらまく手口ではなく、標的型サイバー攻撃と同様の方法、すなわち、攻撃者自身がさまざまな攻撃手法を駆使して、組織のネットワークへひそかに侵入し、侵入後の侵害範囲拡大等を行います。そして、事業継続に関わるシステムや、機微情報等が保存されている端末やサーバを探し出してランサムウェアに感染させたり、管理サーバを乗っ取って、一斉に組織内の端末やサーバをランサムウェアに感染させたりするという攻撃方法です。

従来、ランサムウェア対策としては、バックアップをとっておき、ランサムウェアに感染した場合はバックアップから復元するという対策が有効でし

---

37 IPA「【注意喚起】事業継続を脅かす新たなランサムウェア攻撃について〜「人手によるランサムウェア攻撃」と「二重の脅迫」〜」https://www.ipa.go.jp/security/announce/2020-ransom.html

たが、標的型ランサムの場合、攻撃者が復旧を阻害すべくバックアップ等も同時にターゲットとして狙う場合があります。

❷二重の脅迫

ランサムウェアにより暗号化したデータを復旧するための身代金の要求に加え、暗号化する前にデータを窃取し、支払わなければデータを公開するなどと脅迫する攻撃方法です。

窃取されたデータは、たとえば、攻撃者がインターネットやダークウェブ上に、データ公開のためのウェブサイト（リークサイト）を用意します。身代金が支払われない場合、データの一部を公開し、日数の経過に伴い徐々に公開範囲を広げると脅す場合もあります。

図表5-2は、リークサイト上で被害企業を脅迫するために作成されたウェブページであり、ページの上部に「1％published」と書かれているとおり、実際に窃取した情報の一部だと示しています。また、「近い将来この企業の情報をリリースする準備ができている」とも書かれており、身代金が支払われなかった場合、追加の情報を公開することが示唆されています。

上記❶❷のような新たな手口によるランサムウェア攻撃は、海外で多数の企業・組織で報告されているだけでなく、国内の企業・組織でも被害が確認されており、1万台を超えるパソコン等が攻撃されたり、数TBものデータが窃取されるといった事例も生じています。

また、ばらまき型のランサムウェアの場合、被害者が「これぐらいなら払ってもいいか」と思ってしまうような比較的低廉な価格を身代金として要求し、多くの主体から集めることを狙ったと思われるものも多く見られました。たとえば、上記WannaCryについても、600ドル相当のビットコインの支払いを促す画面が表示されており、要求額はそこまで高額ではありません（図表5-1）。一方で、標的型ランサムの場合、特定の大企業等をターゲットとして攻撃しているため、身代金として要求されるのは、数千万円から数億円の規模となる傾向があります。

この攻撃は、組織の規模の大小、扱っている情報の機密性等にかかわらず、

図表5-2　ランサムウェア「Maze」のリークサイト上の脅迫ページ

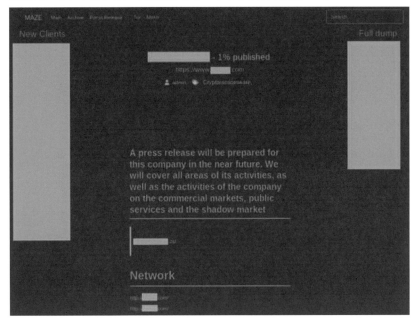

出典：IPA「【注意喚起】事業継続を脅かす新たなランサムウェア攻撃について～「人手によるランサムウェア攻撃」と「二重の脅迫」～」

ITシステムにより事業が成り立っているあらゆる組織が標的となりえます。経営層やIT・セキュリティを担当する部門において、事業の継続を脅かすような大規模な被害が生じうる脅威として認識し、対策を検討する必要があります。

（3）　関連する法制度

ランサムウェアはマルウェアの一種ということができますので、関連する法制度等も基本的には第4章と同様ですが、パソコン等の端末内のデータをいわば「人質」にとって、ビットコイン等の金銭を要求するものですので、第4章記載の犯罪に加え、恐喝罪（刑法249条）や脅迫罪（刑法222条1項）などが成立する可能性があります。

2 インシデント対応のポイントと予防策

基本的には第4章と同じ対策が有効ですが、ランサムウェア固有のポイントとしては以下のとおりです。

（1） 身代金を支払うべきか

まず問題となるのが、ランサムウェアによる暗号化または画面ロックについて、要求されている身代金を支払うべきか否かです。

この点についてはさまざまな議論がありえますが、たとえば、JPCERT/CCは、身代金を支払ったとしてもデータやシステムの制限が解除される保証はないので、身代金を支払うべきではないというスタンスで対応すべきとしています。また、後述するNo More Ransomプロジェクトにおいても、一般的なアドバイスとして、サイバー犯罪者に送金しても、ランサムウェアが機能していることを犯罪者に対して証明するだけで、必要な復号鍵を入手できる保証はないため、身代金を支払わないことを推奨するとしています。

さらに、米国財務省は、2020年10月、「金融機関、サイバー保険を提供する会社、デジタルフォレンジックやインシデント対応に携わる企業など、被害者に代わってサイバー攻撃者にランサムウェアの支払いを促す企業は、ランサムウェアを助長するのみならず、米国財務省外国資産管理局（OFAC）の規制に違反するリスクがある」という旨の勧告を発出しています。[38]

支払うか否かを判断するという場合には、以下のような要素を考慮しつつ判断することになると考えられます。

- 身代金を支払わずに復旧可能か否か
- 身代金を支払わずに復旧可能として、そのコスト
- 身代金の金額の大きさと期待される効果のバランス
- 身代金を支払ったとしても、こちらの望むとおりの対応がなされる保証

---

[38] https://home.treasury.gov/policy-issues/financial-sanctions/recent-actions/20201001

はない

- 支払った身代金は攻撃者（犯罪者）の資金源となるとともに、ランサムウェアが犯罪者の意図どおりに機能していることを知らしめることとなる
- 身代金を支払うことは攻撃者に間接的にせよ協力することを意味するため、当局等からそのような評価を受けるおそれがある
- 身代金を支払った場合、攻撃者の「カモリスト」入りし、さらなるランサムウェア攻撃を受ける可能性がある

(2)　No More Ransomプロジェクト

「No More Ransomプロジェクト[39]」とは、法執行機関（警察関係機関等）および民間組織が連携してランサムウェアの撲滅を目的として、オランダ国家ハイテク犯罪ユニット（NHTCU[40]）、ユーロポールの欧州サイバー犯罪センター（EC3[41]）、セキュリティベンダであるカスペルスキーおよびマカフィーによって2016年に設立されたプロジェクトです。

　100を超える組織が参加しており、日本でも、JPCERT/CC、IPA、JC3がプロジェクトに参加しています。

　このプロジェクトでは、ランサムウェアを特定するためのツールと、いくつかのランサムウェアについて、復号するためのツールが用意されています。これらのツールは無償で利用できますので、ランサムウェアに感染してしまっても、身代金を支払うことなく暗号化されたファイルを復号できる場合があります。復号ツールの使い方については、JC3が「ランサムウェア対策について」と題するウェブページで詳しく紹介しています[42]。

(3)　バックアップの重要性

　ランサムウェアについては、ひとたび感染してしまうと復旧が困難となる

---

39 https://www.nomoreransom.org/ja/index.html
40 Dutch National High Tech Crime Unit
41 European Cybercrime Centre
42 https://www.jc3.or.jp/info/nmransom.html

ため、ファイル暗号化を行うランサムウェアに関しては、主として重要なファイルを中心にバックアップを取得しておくことが重要です。[43] バックアップを取得しておけば、万が一ランサムウェアに感染してしまい、ファイルが暗号化されたとしても、リストア（復旧）が可能となります。

　バックアップをいつどのような方法でどの頻度で取得するかについては、システム環境が複雑になっている企業も多いと考えられますので、対象ファイルの更新頻度やバックアップに使用する装置・媒体の特性に応じて、リスク分析を行い、環境に適したバックアップ方式や頻度、管理方法などを検討する必要があります。

　また、ランサムウェアの影響は、感染端末のアクセス可能な場所に及ぶため、バックアップ装置・媒体として外付けHDDやUSBメモリなどを端末に常時接続していると、バックアップしたファイルもランサムウェアの影響を受けて暗号化されてしまうおそれがあります。また、上述のとおり、標的型ランサムの場合、攻撃者は、ランサムウェアに対する有効な対策がバックアップであることを知っており、バックアップファイルを探し、暗号化を試みようとする可能性が高いため、バックアップを取得する際には、以下の点に留意する必要があります。

【バックアップに使用する装置・媒体はバックアップ時のみパソコンと接続する】
　外付けHDDやUSBメモリは、パソコンに接続していない状態であればランサムウェアの影響が及ばないため、バックアップ時のみ接続することが望ましいです。なお、光学メディアのうち、一度データを書き込んだあとはその書き換えができないタイプの媒体であれば、パソコンに接続していても（メディアがドライブに挿入された状態でも）問題はありません。

【バックアップに使用する装置・媒体は複数用意する】
　バックアップに使用する装置・媒体をバックアップ時のみパソコンと接続するようにしていても、バックアップ中にランサムウェアに感染するおそれ

---

43 IPA「ランサムウェアの脅威と対策〜ランサムウェアによる被害を低減するために〜」も参照。

がありますので、複数の装置・媒体でバックアップを取得しておくことや、バックアップ中はそれ以外の操作を行わないといった対策も望ましいです。

　なお、複数のバックアップ装置・媒体でバックアップを取得しておくと、ランサムウェアに限らず、バックアップ装置・媒体の故障や不具合などが発生した場合にも対応が可能になるというメリットがあります。

【バックアップ方式の妥当性を定期的に確認する】

　ファイルのバックアップを取得したとしても、有事の際にそのバックアップからリストアできなければ意味がありません。また、ランサムウェアのファイル暗号化の機能・仕様なども変化する可能性があるため、問題なくリストアができるか、現状のバックアップ方式でリスクに耐えることができるかなどを定期的に確認、検討することも重要です。

(4)　レピュテーション・マネジメント

　標的型ランサムの場合、リークサイトがつくられる可能性があることはすでに述べたとおりですが、リークサイトについては、被害者のみがアクセスできる仕様になっているわけではなく、基本的に誰でもアクセスが可能となっています。よって、リークサイトがつくられることにより、被害企業がランサムウェアに感染したという事実がはからずも公開されてしまい、その情報が広く拡散される可能性があります。

　インシデント対応として、攻撃を受けた事実等についてプレスリリースを出すかどうかを含めた対外対応を検討し、レピュテーションリスクを抑える必要があります。

(5)　ランサムウェア感染に起因するインシデントの予防策

　ランサムウェアはマルウェアの一種ですので、基本的に第4章と同様の予防策が重要です。また、上記1のとおり、ランサムウェアによる攻撃は、不特定多数に対するばらまき型から、標的型攻撃に用いられるケースも増えているので、標的型攻撃への対策も重要となります。

第6章 サービス不能／妨害攻撃（DDoS攻撃等）

1　サービス不能／妨害攻撃

（1）　DoS攻撃、DDoS攻撃の脅威

　今日では、非常に多くの企業が情報発信やサービスの提供を行うためにウェブサイトを運営しています。

　このようなウェブサイトのサービスを妨害する、またはアクセス不能にするための攻撃として、DoS攻撃、DDoS攻撃などがあげられます。

　DoS攻撃とは、Denial of Serviceの略で、サービス不能攻撃またはサービス妨害攻撃（以下「サービス不能攻撃」で統一する）のことをいいます。特定のサーバに対して一度に大量のデータを送出し、通信路やサーバの処理能力を溢れさせるものや、サーバやアプリケーションの脆弱性を悪用して機能を停止させるものがあります。[44]

　DDoS攻撃とは、Distributed DoSの略で、分散型サービス不能攻撃をいいます。多数のコンピュータを用いたDoS攻撃であり、遠隔操作等により数万

---

44 サイバーセキュリティ戦略本部「サイバーセキュリティ2020」331頁

台以上のコンピュータが攻撃に用いられる大規模なケースもあります。

今日では、IoT機器が広くかつ多く利用されていますので、たとえば、第1章で言及したマルウェアMiraiに感染した大量のIoT機器から構成されるボットネットによる大規模なDDoS攻撃も多く観測されています。

このようなDDoS攻撃の標的とされた組織のウェブサイトは、レスポンスが遅延したり、機能停止状態となり、サービスの提供に支障が出るおそれがあります。特に、ECサイトの運営等、ウェブサイトを通じてサービスを提供している企業にとっては、ウェブサイトの停止は、企業としての事業活動そのものに影響が生じることとなります。

IPA「情報セキュリティ10大脅威2020」においても、IoT機器の不正利用については、組織の10大脅威の第9位、サービス不能攻撃によるサービスの停止が第10位に位置づけられています。

(2) DDoS攻撃を示唆する脅迫メール

サービス不能攻撃それ自体は、対象のサービスを遅延させる、または停止させる妨害行為ですので攻撃者の傾向として、従来は、何らかの政治的な意図等をもったハクティビストや、愉快犯によるものが多く見られましたが、2019年10月頃から、DDoS攻撃を示唆して暗号資産を要求する脅迫メールが観測されています。これは「DDoS脅迫」「ランサムDDoS」とも呼ばれています。

この脅迫メールには、受信組織が管理するウェブサイトや使用するIPアドレスなどにDDoS攻撃を行うとの予告に加え、攻撃を回避するために暗号資産を期日内に支払うよう要求する内容が含まれています。メール受信後には受信者の危機感を高めるとともに攻撃能力を示すためか、実際に標的となるシステムに対して、数十Gbpsから100Gbpsほどの規模のDDoS攻撃が行われる場合があります。

JPCERT/CCによると、攻撃は以下のような流れをたどります。[45]

---

45 JPCERT/CC「DDoS攻撃を示唆して仮想通貨による送金を要求する脅迫行為（DDoS脅迫）について」https://www.jpcert.or.jp/newsflash/2020090701.html

①標的組織の選定

公開情報では、主に金融業、旅行業、小売業など、インターネットを通じて直接事業を行う業種を標的とした攻撃が確認されており、証券取引所やオンライン決済サービス事業者など、ウェブサービスの可用性確保が重要なシステムが標的となるケースが多いとされています。

②脅迫メールの送付

メールの差出人として、差出人名や本文中で、特定のサイバー攻撃グループを名乗るケースが確認されています。メールの内容は、指定する期間内にビットコインを支払わなければDDoS攻撃を実施すると脅迫するものであり、要求額は、標的によって異なるものの、5BTCから20BTCほどとのことです。1BTC＝100万円で計算すると、500万〜2000万円になります。

支払いまでの期間は約6日間で、期間内に支払わない場合、支払うべきBTCの額が増加するとして早期の支払いを促す内容になっていたり、メールの内容を外部に公表すると直ちに攻撃を開始すると脅迫する場合もあります。

③DDoS攻撃の実行

メール送付後、実際に攻撃能力を示すために一定時間DDoS攻撃が行われるケースや、単なる脅しであり、支払期限を過ぎてもDDoS攻撃が行われない場合も確認されています。攻撃者は、ビットコインによる入金を確認しているとみられますが、支払ったとしても攻撃が終息する保証はなく、定期的にさらなる脅しをかけてくる可能性も高いと考えられ、JPCERT/CCは、ランサムウェア（第5章参照）と同様、脅迫に従ってビットコイン等の暗号資産を支払うことを推奨していません。

2　関連する法制度

(1)　サイバー犯罪

サービス不能攻撃は、企業の業務を妨害するものであり、第4章と同様のサイバー犯罪が成立する可能性があります。また、DDoS脅迫の場合には、

第 5 章と同様、恐喝罪等が成立する可能性があります。

そのほか、近年では、DDoS攻撃の基盤となるボットネットがIoT機器によって構成されているものも多いため、主に総務省が中心となって、IoT機器等のセキュリティ対策として、以下のような法的な取組みを行っています[*46]。

(2) 電気通信事業法に基づくIoT機器に関する技術基準

IoT機器が備えるべき基本的なセキュリティ対策としては、電気通信事業法に基づく強制規格としての技術基準が策定され、2020年4月から施行されました。当該技術基準は、電気通信事業法52条1項に定める技術基準として端末設備等規則において定められています。

具体的には、①アクセス制御機能（端末への電力供給が停止した場合でも機能の維持が可能）、②アクセス制御の際に使用するID・パスワードの適切な設定を促す等の機能、③ファームウェアの更新機能（端末への電力供給が停止した場合でも更新されたファームウェアの維持が可能）、または①〜③と同等以上の機能を具備することがあげられています。

なお、本基準は、パソコンやスマートフォン等、利用者が随時かつ容易に任意のソフトウェアを導入することが可能な機器や、電気通信回線設備に直接接続して使用されない機器については対象外となっています。

(3) 「NOTICE」プロジェクト

すでに市場に流通しているIoT機器のセキュリティ対策については、2018年5月、IoT機器に対する脆弱性対策を実施する体制整備を含んだ「電気通信事業法及び国立研究開発法人情報通信研究機構法の一部を改正する法律」が成立しました。DDoS攻撃を念頭に置いたものを「送信型対電気通信設備サイバー攻撃」と定義し、電気通信事業者間の情報共有に関する定めや、IoT機器の調査に関する定めが置かれました。

---

46 総務省サイバーセキュリティタスクフォース「IoT・5Gセキュリティ総合対策2020」も参照。

同改正法に基づき、2019年2月より、総務省、NICTおよびインターネットサービスプロバイダが連携し、サイバー攻撃に悪用されるおそれのあるIoT機器等を調査し、利用者への注意喚起を行う取組みである「NOTICE」が開始されました。これは、国立研究開発法人情報通信研究機構法（NICT法）附則8条2項に基づき、2024年3月までの時限的な業務として行われるもので、具体的には、次の①〜④に沿って運用されています。[47]

①機器調査

　NICTは、インターネット上のIoT機器に対して、容易に推測されるパスワード等を入力してログインできるかを確認することなどにより、サイバー攻撃に悪用されるおそれのある機器を調査し、当該機器の情報をインターネットサービスプロバイダに通知します（NICT法附則8条2項2号柱書）。

　ここにいう「容易に推測されるパスワード等[48]」については、具体的には、

- DDoS攻撃の実績のあるマルウェア（亜種含む）で利用されている識別符号
- 同一の文字のみの暗証符号を用いているもの
- 連続した文字のみの暗証符号を用いているもの
- 連続した文字のみを繰り返した暗証符号を用いているもの
- 機器の初期設定の識別符号（機器固有の識別符号が付与されていると確認されたものを除く）

等があげられます。

②注意喚起

　インターネットサービスプロバイダは、NICTから受け取った情報をもと

---

47 NOTICE ウェブサイト参照。https://notice.go.jp/

48 NICT 法附則8条4項1号により、「不正アクセス行為から防御するため必要な基準として総務省令で定める基準を満たさない」識別符号とされており、当該基準については、「国立研究開発法人情報通信研究機構法附則第8条第4項第1号に規定する総務省令で定める基準及び第9条に規定する業務の実施に関する計画に関する省令」（平成30年総務省令第61号）1条により、①字数8以上であること、②これまで送信型対電気通信設備サイバー攻撃のために用いられたもの、同一の文字のみ又は連続した文字のみを用いたものその他の容易に推測されるもの以外のものであることのいずれも満たすこととされている。

に該当機器の利用者を特定し、電子メールなどにより注意喚起を行います。

③設定変更等

注意喚起を受けた利用者は、注意喚起メールやNOTICEサポートセンターサイトの説明などに従い、パスワード設定の変更、ファームウェアの更新など適切なセキュリティ対策を行います。

④ユーザサポート

総務省が設置するNOTICEサポートセンターは、ウェブサイトや電話による問合わせ対応を通じて、利用者に適切なセキュリティ対策等を提供します。

NOTICEは、乗っ取られるおそれがあるIoT機器の調査を行い、注意喚起を行う取組みですが、そのほか、2019年6月から、すでにマルウェアに感染してしまったIoT機器をNICTの「NICTER」プロジェクトで得られた情報をもとに特定し、インターネットサービスプロバイダを通じて利用者へ注意喚起を行う取組みも実施されています。

つまり現在、IoT機器に関する注意喚起としては、NOTICEによる注意喚起、NICTERによる注意喚起の双方がなされていることになります。

3　インシデント対応のポイント

サービス不能攻撃に対しては、実際にインシデントが発生した場合の対処がむずかしいところもありますが、IPAセキュリティセンター「サービス妨害攻撃の対策等調査 – 報告書 –」（2010年）が参考になります。

（1）　サービス不能攻撃の検知

自組織が運営するウェブサイトにつながりにくくなっているという事象については、たとえば、外部から問合わせや苦情があったり、サーバに大量のアクセスログがあったこと等を端緒として発見することになりますが、それがDDoS攻撃によるものかは判断がむずかしいところです。たとえば、ウェブサイト上の何らかのコンテンツが炎上したり「バズる」ことによりアクセ

脆弱なIoT機器の所有者（踏み台にされた者）の法的責任

　脆弱なIoT機器がボットネットを形成して大規模なDDoS攻撃を行う場合、IoT機器の所有者は、マルウェアに感染させられた被害者とはいえ、意図せずDDoS攻撃に加担していることとなります。したがって、仮にDDoS攻撃によって企業が損害を被った場合、その企業は、DDoS攻撃の指令を下した攻撃者に対する損害賠償請求を行うことができる（攻撃者を特定することができるかどうかといった問題はあるが）ことはもちろん、過失により攻撃に加担したIoT機器所有者に対しても、法的には損害賠償を求めることができる場合があります。

　どういった場合に踏み台にされたIoT機器所有者に責任が認められるかについて前例となる裁判例はありませんが、所有者も攻撃者によりIoT機器を乗っ取られた被害者であることや、所有者が責任を持たない機器の脆弱性を利用されているケースが多いことを踏まえると、所有者によほどの過失がない限りは、基本的に所有者が責任を負うものではないと考えられます。

　ただし、何らかのリーディングケースが出た場合には、これに沿って傾向が変わる可能性があります。また、IoT機器については、経済産業省が事務局を務める産業サイバーセキュリティ研究会において、2020年11月5日に「IoTセキュリティ・セーフティ・フレームワーク」（IoT-SSF）が公開されるなど、IoT機器所有者が行うべき基本的な対策についての基準が示され始めています。こうした基準により実務水準が基礎づけられていけば、これらの水準に満たない対策しか講じていなかったIoT機器所有者に対して、損害発生の予見可能性が認められることになる可能性があります。また、IoT機器の購入にあたって製造者や販売者から提示されていたセキュリティ対策に関する注意事項を遵守せずに機器を設置、使用していた場合、これらの注意事項を守っていれば損害の回避が可能であったということもありえます。こうした事情によっては、IoT機器所有者の過失が基礎づけられることになる可能性はあるといえるでしょう。

スが集中しているだけの状態と区別がつきにくいからです。

　判別方法の一つとしては、アクセス元のIPアドレスとアクセス頻度を確認して、平常時の状態と比較するといったことが考えられます。たとえば、日本語のコンテンツに対して、平常時ではありえない海外の大量のIPアドレスから高頻度のアクセスがある場合は、一般的にはDDoS攻撃と判断できることが多いと考えられます。ただし、海外のメディアで当該コンテンツが紹介されている可能性もあるため、断言できるものではありません。

また、サービス不能攻撃の検知のためには、脅迫メールの兆候を見逃さないことも大切です。一般の問合せ窓口に攻撃予告のメールが届く場合や、外部の第三者が連絡窓口宛てに、SNSで攻撃予告がなされている旨の情報提供をしてくれる場合があります。これらの情報を適切に受け入れ、対応できる体制を整えることが重要です。

(2)　技術的な対応等

DoS攻撃、DDoS攻撃への技術的な対応としては、接続しているインターネットサービスプロバイダに対して対応を依頼することが一般的であり、連絡にあたっては、DoS攻撃、DDoS攻撃を検知してから連絡先を確認するのではなく、平時に担当者と話し合い、連絡先や連絡すべき内容等を明らかにしておくことが必要です。[49]

(3)　DDoS脅迫を受けた場合の対応

上記のとおり、DDoS攻撃に関しては、ビットコイン等の暗号資産を支払わなければDDoS攻撃を仕掛けることを示唆する脅迫メールが観測されています。

このような脅迫メールを受けた際の対応として、ランサムウェアに感染してしまった場合（第5章参照）と同様、支払うべきかどうかが問題となりますが、JPCERT/CCは、脅迫に応じることを推奨していません。

支払うか否かを判断する場合には、以下のような要素を考慮することになると考えられます。

- DDoS攻撃に対応できる体制が整っているかどうか
- DDoS攻撃により一定時間のサービス停止があったとしても許容できる範囲かどうか
- さらなる体制整備が必要であるとしてそのコスト

---

49 JPCERT/CC「インシデントハンドリングマニュアル」7頁参照。

- 身代金の金額の大きさと期待される効果のバランス
- 身代金を支払ったとしても、こちらの望むとおりの対応がなされる保証はなく、むしろ、さらなる金額の要求を受ける可能性もある
- 支払った身代金は攻撃者（犯罪者）の資金源となるとともに、DDoS攻撃を示唆する脅迫が効果的であることを犯罪者に知らしめることとなる

4 サービス不能攻撃に起因するインシデントの予防策

(1) インシデント対応体制の整備

具体的には、以下のように、インシデントの対応体制の整備を行うことが考えられます。

- DDoS攻撃の影響を受ける可能性のあるシステムの特定およびリスクの評価
- DDoS攻撃を検知および防御するための対策状況の確認
- DDoS攻撃を検知および認識した場合の対応手順や方針の確認
- DDoS攻撃で事業に影響が発生した場合の組織内外への連絡体制や連絡方法の確認および当該事象に備えた事業継続計画（BCP）等の策定、訓練

(2) 技術的対策

DDoS攻撃の影響を緩和するための技術的な対策として、インターネットサービスプロバイダが提供する各種サービスや、システム・ネットワークの冗長化、WAF（Web Application Firewall）やCDN（Content Delivery Network）サービスを利用するといったさまざまな技術的な手段が考えられるところですが、過分なものを導入してもその機能をフル活用することはできませんし、コストも非常に高くなりますので、自組織の事情に照らし、適切なサービス等を導入することが重要です。

第7章 フィッシング

【事例6】
　X社は、「https://www.kaisha〔任意の文字列〕.com」というECサイトを管理・運営しているところ、同社の情報システム担当は、ある日、「https://www.kaisya〔任意の文字列〕.com」という自社に似たドメインで、X社のサイトに酷似するサイトが立ち上がっており、アクセスするとIDやパスワードを入力させる画面が出てくることを発見した。

1　フィッシングとは

（1）　フィッシングの脅威

　フィッシング（Phishing）とは、一般に、実在する金融機関、ショッピングサイトなどを装った電子メールを送付し、これらのホームページとそっくりの偽サイトに誘導して、銀行口座番号、クレジットカード番号やパスワード、暗証番号その他の個人情報など、重要な情報を入力させて詐取する行為をいいます。

　典型的な手口としては、実在する有名企業のウェブサイトに似せたフィッシングサイトを作成し、不特定多数に対し、そのフィッシングサイトに誘導する内容の電子メールやSMS（ショートメッセージサービス）を送信し、フィッシングサイトでIDやパスワード、個人情報といった情報を入力させて情報を詐取するというものですが、近年では、LINEやTwitter、FacebookといったSNSを通じてフィッシングサイトへ誘導する手口も多く確認されています。

フィッシングを通じて詐取された個人情報等については、攻撃者がダークウェブで販売したり、また、他のサービスで詐取したID・パスワードを用いて不正アクセスを試みる（IDやパスワードを複数のサービスで使い回している場合、被害が拡大することとなる）といった形で悪用されます。

　フィッシングに関する情報収集や注意喚起等を行うフィッシング対策協議会の技術・制度検討ワーキンググループが2020年6月に公開した「フィッシングレポート2020」によれば、同協議会で受領した2019年1月から12月までのフィッシング報告件数は5万5787件で、2018年と比較して約2.8倍となったなど、フィッシングの件数は増加傾向にあります。また、巧妙さも増しているため、個人としてもフィッシングサイトで誤って情報を入力しないように注意する必要があります。ウェブサイトを通じてサービスを提供している企業としても、自らのフィッシングサイトがつくられていることを発見した際には、適切に対処し、風評被害を防ぐことが望ましいです。

　IPA「情報セキュリティ10大脅威2020」において、フィッシングによる個人情報の詐取は、個人の10大脅威の第2位に位置づけられています。

(2)　SNSを通じたフィッシング

　フィッシングは人の心の隙を突いた攻撃の一種ということができ、攻撃者は、さまざまな手口を使ってフィッシングサイトに情報を入力させるための手立てを行ってきます。その一つとして最近増加しているのが、SNSを通じたフィッシングです。SNSでのフィッシングとしては、大きく分けて、①なりすまし、②乗っ取りの2つのパターンがあると考えられます。

【実在する組織や有名人などになりすましたフィッシング】

　SNSで、実在する組織や有名人が情報発信に用いているアカウントであるかのようになりすまし、メッセージを送る等して行うフィッシングで、電子メールによるフィッシングと同様のパターンとなります。最近では、企業がSNSアカウントを作成して情報発信を行うことも増えていますので、当該アカウントが本物のアカウントかどうかを閲覧者が認識できるようにしておく

必要があります。

　SNS側にそうした公式アカウントを認証する仕組みがある場合もありますが、それがない場合には、たとえば、企業の公式ウェブサイトにSNSアカウントへのリンクを示しておく等、公式なものとの紐付けを行うことが重要です。

【アカウントを乗っ取って行うフィッシング】

　SNSの個人のアカウントを乗っ取り、本人になりすまして、当該アカウントとつながっている人たち（Twitterでいうフォロワー、Facebookでいう友人など）に対してフィッシングを行うもの、すなわち本人の正規のアカウントを乗っ取って行うものですので、受信者の油断を誘いやすいです。具体的な事例としては、乗っ取ったアカウントを用いて動画ファイルへのリンクをメッセージとして送付し、そこにアクセスするとフィッシングサイトにつながるというものがありました。

(3)　スミッシング（SMSを用いたフィッシング）

　スミッシングとは、携帯電話、スマートフォンなどで用いるSMS（ショートメッセージサービス）とフィッシングを組み合わせたもので、SMSを通じて偽サイトにアクセスさせてIDやパスワードを入力させる手法をいいます。

　2019年6月に一般財団法人日本サイバー犯罪対策センター（JC3）が出した注意喚起によると、従来のスミッシングは、受信者がSMSのスレッドに表示される送信者を確認することで、本物かどうかを確認できましたが、2019年に注意喚起が出された手法は、本物の事業者等が送信するメッセージが表示されるスレッドに、偽者の事業者がメッセージを挿入するというものでした。巧妙かつだまされやすい手法なので注意が必要です（**図表7-1**参照）。

(4)　二要素認証や二段階認証を破るフィッシングサイト

　パスワードによる保護だけでは足りないという場合には、二要素認証や二段階認証の導入の検討が必要です（詳細は第11章参照）。こうした追加的な保護の仕組みは、一般的には有効な手段ですが、フィッシングに関しては、

図表7-1　スミッシングのイメージ

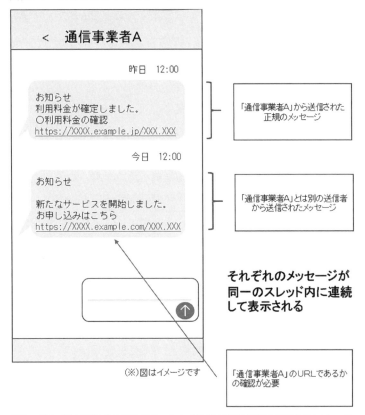

出典：JC3「通信事業者を騙るスミッシング詐欺の手法に係る注意喚起」https://www.jc3.or.jp/topics/smscert.html

二要素認証や二段階認証の情報（ワンタイムパスワードや秘密の合言葉等）をも入力させるフィッシングサイトが増加傾向にある点に注意が必要です。

2　関連する法制度

（1）　不正アクセス禁止法

不正アクセス禁止法は、いわゆる不正ログイン等を不正アクセス行為とし

て禁止するものですが（第4章参照）、そのほか、フィッシングに関しては、ID・パスワード等を取得するために正規のものに見せかけたウェブサイトの公開や、htmlで作成された電子メール等により識別符号を入力させようとする行為を処罰の対象としています（不正アクセス禁止法7条、12条4号）。

(2) 情報の詐取に関する個別法の規定

不正アクセス禁止法のほか、フィッシングサイトを通じて、人を欺いて情報を窃取する行為について刑事罰が定められている場合があります。

たとえば、フィッシングで詐取されるケースが多いクレジットカード番号等に関する情報については、割賦販売法において、人を欺いてクレジットカード番号や有効期限、セキュリティコードといった券面情報等を提供させる行為を処罰の対象としています（割賦販売法49条の2第2項）。

また、「行政手続における特定の個人を識別するための番号の利用等に関する法律」（マイナンバー法）においても、人を欺くなど、個人番号保有者の管理を害する行為により個人番号を取得する行為を処罰の対象としています（マイナンバー法51条）。

個人情報保護法の関係でいえば、個人情報の詐取に関する刑事罰は定められていませんが、フィッシングサイトを通じた個人情報の取得は、偽りその他不正の手段による個人情報の取得であり違法です（個人情報保護法17条）ので、個人情報保護委員会による法執行の対象となりえます。

3 インシデント対応のポイント

(1) フィッシングサイトへの対応の特徴

特定の企業を騙るフィッシングサイトが設置された場合、当該企業としては迅速な対応が必要です。フィッシングサイトを放置すればそれだけ自らの顧客が受ける被害が拡大するからです。また、これを放置し、被害が拡大することにより、当該企業自身のレピュテーションに影響を及ぼす可能性があ

ります。フィッシングによる詐欺が発生してしまった場合の対応については、フィッシング対策協議会「フィッシング対策ガイドライン」が参考になります。

　フィッシングサイトへの対応は、一種のインシデントハンドリングといえますが、被害拡大を防止するためにフィッシングサイトのテイクダウン（閉鎖活動）を行うという選択肢がある点に特徴があります。

　一般論として、フィッシングサイトのテイクダウンはむずかしい場合が多いです。たとえば、フィッシングサイトを運営する犯罪者は、国内外（ほとんどの場合海外）のホスティングサービスと契約し、ドメインも取得してフィッシングサイトを立てていますが、足がつかないように、半日から2日程度でそのサイトを使い捨てるため、ホスティング事業者宛にテイクダウン依頼を行う頃には、すでにフィッシングサイトとしての役割を終えているというケースが多いところです。

　そのほか、第三者が運営する既存のサーバに不正アクセスを行い、そこにフィッシングサイトのコンテンツを設置するケースもあり、フィッシングサイトのコンテンツを配信する者が判明したとしても、その者がフィッシングサイトを設置した犯人なのか第三者なのか判別がむずかしい場合もあります。

（2）　フィッシングサイトへの対応のポイント

　フィッシング対策ガイドラインは、フィッシングサイトへの対応フローを示しつつ、以下のポイントをあげています。

❶フィッシング詐欺被害の検知・状況把握

　フィッシングサイト、フィッシングメール、どちらかの発見、報告であっても、双方の状況を確認する必要があります。フィッシングサイトを調査し、実際の被害が出る危険性が大きければ、それだけ判断の必要性も高まります。

❷フィッシングサイトのテイクダウン活動

　自らテイクダウン活動を行うことはむずかしいことが多いため、専門機関へ依頼するという手段があげられます。日本ではJPCERT/CCが「インシデ

ント対応依頼」の中で、フィッシングサイトのテイクダウン依頼も受け付け
ていますので、支援要請を行うことが考えられます。

　また、テイクダウンのためには、フィッシングサイトが稼働しているホス
ティングサービスのAbuse窓口に通知する方法もあります。通知方法がわか
らない、または対象となるサーバまたはホスティングサービスがわからない
場合は、フィッシング対策協議会窓口に相談することなどが考えられます。

　そのほか、フィッシング対応を行っている事業者と契約し、有事の際にテ
イクダウンを依頼するといった手段もありえます。

❸フィッシングに関する注意喚起

　フィッシングサイトの活動が活発化している場合、被害を受けたサイト利
用者から、フィッシングサイトをつくられてしまった企業に対する問合わせ
等が殺到する可能性があります。そこで、円滑な問合わせ対応と被害拡大防
止の観点から、①利用者からの問合わせ対応の窓口を設置し、よくある質問
に対する回答をあらかじめ用意する、②ウェブサイト等でフィッシングサイ
トに関する利用者向けの注意喚起を行う必要があります。

❹関係機関への連絡、報道発表

　利用者の被害が発生してしまっている場合には、必要に応じて、警察への
相談、届出を検討します。また、利用者に提供しているサービスの種別によっ
ては、所管省庁への報告が必要な場合があるので、報告窓口へのアクセス方
法を前もって調べておくとスムーズです。

❺生じたフィッシング詐欺被害への対応

　報告窓口に寄せられる利用者からの被害報告等から、金銭的被害の有無を
含む詐欺の発生状況を把握し、必要に応じて被害拡大抑制のための活動を実
施することとなります。

❻事後対応

　フィッシング詐欺被害対応から学んだこと、改善すべき点などの事後処理
を含め、再発防止策や体制の見直し、手順書の改定等を行います。

4 フィッシングサイト被害を抑制するための対策

（1） 事業者が行うべき対策

　フィッシング対策ガイドラインにおいては、ウェブサイトの運営者がフィッシング被害の発生を抑制するための対策として、①利用者が正規メールとフィッシングメールを判別可能とする対策、②利用者が正規サイトを判別可能とする対策、③フィッシング詐欺被害を拡大させないための対策、④ドメイン名に関する配慮事項、⑤組織的な対応体制の整備、⑥利用者への啓発活動、⑦フィッシング詐欺被害の発生を迅速に検知するための対策という7つの項目と34の要件を設けています。

　そして、「フィッシングレポート2020」は、この中でもユーザがフィッシング被害に遭うリスクを減らすために事業者が特に重点的に取り組むべきものを「フィッシング対策ガイドライン重要5項目」としてとりまとめています。同レポートでは、この5項目すべての対策を提供している事業者はかなりの少数であるとしつつも、早期の対応を期待するとしています。

【利用者に送信するメールには「なりすましメール対策」を施す】

　SPF（Sender Policy Framework）、DKIM（Domain Keys Identified Mail）など、送信元アドレスの偽証検知等を可能とすることが必要です。

【複数要素認証を要求する 】

　特に資産移動機能（金銭の振込み、商品購入等）を提供する場合には、複数要素認証（ワンタイムパスワード等）を求めるようにすることが必要としています。

　なお、上記1（4）記載のとおり、こうした複数要素認証を破るフィッシングサイトがありますので、ユーザとしては、複数要素認証なら100％安全であると勘違いしないように留意が必要です。

【ドメインは自己ブランドと認識して管理し、利用者に周知する】

　企業が利用しているドメインは、自社のブランドとして大切に管理するこ

とが必要です。また、正しいドメイン名について繰り返して利用者に示す必要があります。

　ドメイン名の登録・利用については、管理を所掌する部署や要員、ルールや手順を確立しておかないと、勝手にドメイン名が登録されるなどして、組織として取得しているドメインの全容把握ができなくなるおそれがあります。

【すべてのページにサーバ証明書を導入する】

　すべてのウェブページでhttpsでのアクセスを提供することが必要です。サーバ証明書を使ったhttpsによる暗号通信では、機密性を保つことができることに加え、アクセスしているウェブサーバの正当性（ドメイン名を含めたサーバ名と運営者との関係について認証局が確認をとっていること）を確認できます。

　なお、httpsを使っていない場合、ブラウザによっては安全でないという警告が出されることがあり、また、httpsページにしておくことで、検索エンジンで優先されるという効果も期待できます。

　なお、暗号化に用いられるサーバ証明書の種類にもよりますが、httpsであることは、通信が暗号化されていることを意味するものであり、接続先のサイトが詐欺サイトではないことを担保するものではありません。実際、httpsで提供されるフィッシングサイトの存在も確認されています。ユーザとしては、httpsだから100％詐欺に遭うことはない、と勘違いしないように留意が必要です。

【フィッシング詐欺対応に必要な組織編制とする】

　インシデント対応一般にいえることですが、フィッシング発生時には、さまざまな事項を同時並行的に速やかに処置していくことが必要になりますので、組織に応じた事前準備、役割分担、連絡・レポート体制を明確化しておくことが必要です。

（2）　フィッシング詐欺に遭わないための５ヵ条

　フィッシング対策協議会は、利用者向けに、フィッシング詐欺に遭わない

ための5ヵ条*50として、以下のものを掲げています。また、詳細については、同協議会が公開している「利用者向けフィッシング詐欺対策ガイドライン」が参考になります。

【怪しいメールに注意する】

　銀行やクレジットカード会社がメールで口座番号やクレジットカード番号、IDやパスワードを確認することはありませんので、このような問いかけのメールには注意してください。

【電子メール本文中にあるリンクはクリックしない】

　メール本文中のリンクはフィッシングサイトに誘導される危険がありますので、URLを直接入力してサイトを開きましょう。

　第4章で述べたとおり、html形式のメールの場合、書かれているURLとは別のサイトにアクセスするようになっている可能性があります。

【パソコンを安全に保つ】

　フィッシングやスパムメール対策のソフトウェアを使えば、危険なサイトにアクセスしたり、怪しいメールを受け取ったときに警告が表示されます。またインターネットブラウザには、最新の修正プログラムを導入しましょう。

【銀行やクレジットカード会社の連絡先リストをつくる】

　怪しいメールやフィッシングサイトを見つけた際に問い合わせる電話番号や、メールアドレスを控えておきましょう。少しでもおかしいな、と思ったらすぐに連絡して確認すれば安心です。

【不審なメールやサイトは報告する】

　本物でないと思われるメールを受け取ったり、フィッシングサイトを発見したら、「フィッシング対策協議会」に報告してください。

---

50 https://www.antiphishing.jp/stop_phishing/gokajou.html

第8章 ビジネスメール詐欺

【事例7】

　X社は、Y社と取引に関するメールのやり取りを行っており、X社からY社に一定の金銭を支払うことになったところ、Y社担当者名義で、振込先を指定するメールが届いた。それはY社の担当者になりすました攻撃者Zによるものだったが、X社は金銭をZが指定する口座に振り込んでしまった。

1　ビジネスメール詐欺とは

(1)　急増するビジネスメール詐欺被害

　ビジネスメール詐欺（BEC：Business E-mail Compromise）とは、海外の取引先や自社の役員等になりすまし、巧妙に細工された偽の電子メール（詐欺メール）を企業の出納担当者などに送り、攻撃者に対して機密性の高い情報を提供させたり、攻撃者が用意した口座へ送金させる詐欺の手口のことをいいます。海外での被害はもちろん、日本国内でも数億円単位での高額な被害が確認されています。

　米国FBIのインターネット犯罪苦情センターに報告された被害件数などのデータによると、2016年6月から2019年7月までの期間におけるビジネスメール詐欺の被害件数は16万6349件、被害額は約262億（$26,201,775,589）米ドルにのぼります。[*51]

---

51 https://www.ic3.gov/Media/Y2019/PSA190910

攻撃の性質としては第4章で述べた標的型メール攻撃に近いもので、実在の人物の氏名やメールアドレスなど、社内の人間でなければ本来知らないはずの情報を電子メールの中に散りばめるなどして巧妙性を高めています。また、標的型メール攻撃と異なり、詐欺メールそれ自体には、不審なURLが記載されているわけでも、不審な添付ファイルがついているわけでもないため、アンチウイルスソフト等で検知できず、また、受信者の油断を誘いやすいという特徴があります。

　ここ数年で被害が急激に増えており、さまざまなセキュリティ関係機関からも注意喚起が出されていますので、注意を要する攻撃の一つです。

　IPA「情報セキュリティ10大脅威2020」においても、ビジネスメール詐欺による金銭被害は、組織の10大脅威の第3位と、高い順位に位置づけられています。

(2)　ビジネスメール詐欺の手口
❶取引先からの請求書の偽装

　取引先と請求に係るやり取りをメールで行っている際に、それを盗み見ていた攻撃者が取引先になりすまし、攻撃者の用意した口座に差し替えた偽の請求書等を送りつけ、振り込ませる手口です。

　攻撃者は取引のやり取りや関係している従業員の情報を何らかの方法により入手して攻撃を行っており、受信者が気づきにくくなっています。

❷経営者等へのなりすまし

　実在する企業の経営者等になりすまし、従業員に攻撃者の用意した口座へ振り込ませる手口です。このとき、攻撃者は事前に入手した経営者や関係している従業員の情報を利用し、通常の社内メールであるかのように偽装します（図表8-1）。また、急ぎの要件であるため即時に対応するようにメールの中に記載するなどして受信者を焦らせて、冷静に判断する機会を奪おうとするケースも見られます。

❸窃取メールアカウントの悪用

従業員のメールアカウントを乗っ取ったうえで、その従業員の取引実績の
ある企業の担当者へ偽の請求書等を送り付け、攻撃者が用意した口座に振り
込ませる手口です。メール本文は巧妙に偽装され、また、送信元が本物のア
カウントであるため、受信したメールが攻撃者によるものであることに気づ
きにくくなっています。

❹社外の権威ある第三者へのなりすまし

弁護士など社外の権威ある第三者へなりすまし、企業の財務担当者等に対
して、社長から指示を受けた弁護士等と名乗り、攻撃者の用意した口座へ振
り込ませる手口です。

図表8-1　日本語の詐欺メール（経営者へのなりすまし例）

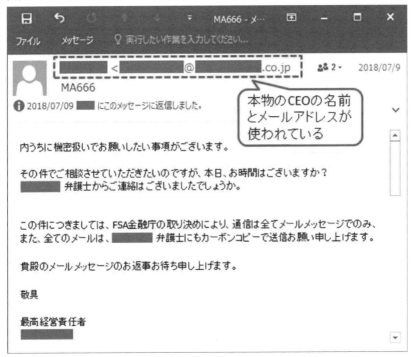

出典：IPA「【注意喚起】偽口座への送金を促す"ビジネスメール詐欺"の手口（続報）」

❺詐欺の準備行為と思われる情報の窃取

　詐欺を実行する前の準備行為として、標的組織の情報を窃取する場合もあります。たとえば、攻撃者が詐欺の標的とする企業の経営者や経営幹部、または人事担当等の特定の任務を担う従業員になりすまし、企業内の他の従業員の個人情報等を窃取する手口です。その際に、クラウドサービスとして提供されるメールアカウントを窃取するためにフィッシング（第7章）を行う手口も見られます。

2　関連する法制度

（1）　サイバー犯罪または詐欺罪等の成立

　ビジネスメール詐欺は、攻撃者が偽の銀行口座を用意してそこに振り込ませようとするという特徴があります。本物の従業員等を装って偽の口座を用意して相手方をだまし、金銭を振り込ませるということで、詐欺罪（刑法246条）等が成立する可能性があります。

　ビジネスメール詐欺における攻撃者は、社内の人間でなければ知らないはずの情報をメールの中にちりばめる等して詐欺メールを巧妙化していますが、そのような情報は、何らかのサイバー攻撃やフィッシングにより窃取した情報である可能性があります。この場合、第4章または第7章記載のサイバー犯罪に該当する可能性があります。

（2）　受領権者としての外観を有する者に対する弁済

　攻撃者が用意した偽の請求書と銀行口座に対して振込みを行ってしまった場合に、それが債務の弁済として有効となるかどうか（支払ってしまった者が保護されるかどうか）という問題が生じます。

　この点に関して、民法478条は、取引上の社会通念に照らして受領権者としての外観を有する者に対してした弁済は、弁済を行った者が善意無過失である場合に限り効力を有するとされています。

本規定が適用されない、つまり弁済の効力が生じないということであれば、詐欺メールによる偽の請求に基づいて攻撃者の指定する口座に対して代金を支払ってしまった企業は、取引先に対してあらためて代金を支払わねばならず、二重に支払うことで被った損害については攻撃者に対して損害賠償等を求めることとなります。一方で、本規定が適用される、つまり弁済の効力が生じるということであれば、メールに基づいて攻撃者に対して代金を支払ってしまったとしても、それは請求に対する支払いとして有効であり、取引先はそれ以上代金を請求することができないことになりますので、取引先としては、とりそびれた代金を攻撃者に対する損害賠償等として求めることとなります。

　攻撃者に対する損害賠償請求等は奏功しない可能性が高いため、実質的には、なりすまされた企業と、だまされて支払ってしまった企業のどちらが不利益を被るかという問題に帰着するといえます。

　本条の適用の可否について、攻撃者は、取引先になりすまして本物らしい外観のメールや請求書を送付していますので、本条にいう「取引上の社会通念に照らして受領権者としての外観を有する者」には該当すると考えられますが、支払ってしまった者が無過失といえるかどうかは検討が必要です。

　無過失かどうかは、たとえば、詐欺メールの文面の巧妙さ、やり取りの経緯、担当者による振込先口座の確認の程度、取引先側になりすましを受けたことについて落ち度があったかどうかなど個別具体的な事情に基づき総合的に判断されます。

3　インシデント対応のポイント

（1）　意識すべき３つの観点

JPCERT/CC「ビジネスメール詐欺の実態調査報告書」は、ビジネスメー

---

52 2020 年 4 月 1 日に施行された民法改正前は「債権の準占有者」とされていた。

ル詐欺に遭ってしまった場合に、状況を正確に把握し、とるべき行動を明確にすることを目的として、以下の3点を意識する必要があるとしています。

❶先行インシデントの存在の可能性

ビジネスメール詐欺において、本来社内の人間のみが知っているはずの情報が利用されていることはすでに述べたとおりですが、攻撃者がそのような情報を利用できているということは、攻撃者がメールの盗み見やメールアカウントの乗っ取り等を行っている、つまり先行するインシデントが存在する可能性があります。

もちろん、経営者やCEOなどの幹部については、氏名や顔写真、場合によってはメールアドレスをSNS等で公開している場合もありますが、内部でのやり取りが攻撃者に見られている可能性も考慮する必要があります。

❷構造の複雑化

ビジネスメール詐欺は、攻撃者と被害組織が1対1で対峙するケースだけでなく、お互いの仲介業者やその他の第三者など、複数の組織や人物が関わっており複雑なケースもあるため、それを念頭に行動する必要があります。

❸被害を受けないための対策だけでなく、なりすまされない対策も必要

ビジネスメール詐欺においては、取引先になりすました者からメールを送られ、攻撃者が指定した銀行口座に送金してしまったというケースと、メールアカウントが乗っ取られるなどして攻撃者に利用され、取引先に詐欺メールを送ってしまったというケースがありますので、だまされないことはもちろん重要ですが、それに加えて、なりすまされないための対策も必要です。

（2）　全体像の把握と必要な対応

近時のビジネスメール詐欺は、取締役になりすます犯人Aと、取締役の秘書になりすます犯人A′という二役による詐欺や、資金の移動についてメールの送信者、受信者以外に仲介業者等の第三者が登場するといった複雑な事案も増えているため、まずは、被害会社、海外支社などの登場人物を洗い出し、起こっている事象の全体像を把握することが肝要です。その際、関係図

などを用いて可視化すると、状況を把握しやすくなるだけではなく、担当者同士の認識誤りを防ぐことができます。

　次に、自組織が詐欺メールを受信し、送金してしまった、または送金しそうになったという立場なのか、自組織を名乗る者が取引先に対して詐欺メールを送ってしまった（なりすまされた）立場なのかを明確に確認する必要があります。

　前者の場合は、送金の有無を確認し、送金実績がある場合は速やかに送金の取消しの対応を行うこととなり、後者の場合は、相手先における送金の有無を確認し、相手方が送金してしまっている場合には速やかに金融機関への送金取消しを指示することとなります。

　自組織が業務上使用するドメインのメールアドレスから不正な送金を要求するメールが送信されている場合や、ビジネスメール詐欺で用いられた情報について取引関係者や自組織の者でなければ知り得ない情報が含まれている場合には、自組織のメールアカウントが乗っ取られている可能性やメールが盗み見られている可能性が高いため、先行しているインシデントの調査および対応に着手することが不可欠です。

　攻撃者がメールを盗み見ている、またはアカウントを乗っ取っている可能性がある場合は、メールアカウントのパスワードを変更するなど、侵害を想定した調査や対応を実施する必要があります。

(3)　だまされて実行してしまった送金の取消し

　すでに送金してしまった場合、金融機関に依頼することにより、送金を取り消すことができる可能性もありますので、金融機関に一刻も早く相談すること、振込先の口座凍結を依頼すること等が推奨されます。

　送金取消しの手続を進めるにあたって、金融機関側から、ビジネスメール詐欺被害に遭った事実など情報の提示を求められる場合もありますので、調査結果や保管しているメール、ログなどを準備しておくことが望ましいです。

(4)　ビジネスメール詐欺認知時の連絡・公開

　自組織になりすましたビジネスメール詐欺が試みられていることを外部からの連絡や問合わせ等によって認知した場合には、被害拡大を防止するため、可能な限り速やかに当該事実を関係者に伝達または公開することが求められます。

　情報を受け取った組織が事実関係の調査や組織内での注意喚起に活用できるよう、伝達内容には、送信元メールアドレス（偽装されている可能性があることに留意し、メールログから抽出）や送金先口座（銀行名、支店名、口座番号、口座名義人名）などの具体的な情報を含めることが望ましいでしょう。手段としては、取引先にメールなどで個別に通知するほか、ウェブサイトで注意喚起するなどの方法もあります。

4　ビジネスメール詐欺による被害を予防する

(1)　社内体制の整備

　平時からの対策としては、やはり体制整備が重要です。ビジネスメール詐欺が行われたこと、またはその疑いに気づいた場合の連絡体制が整備されていれば、組織として迅速に対応できます。送金を担当する経理部門、メールシステムの運用を行うIT部門、法的な問題が伴う場合に対応する法務部門、社外取引先との折衝を行う営業部門等が連携できる体制を整備しておくことが望ましいです。

　また、ビジネスメール詐欺は、海外子会社など日本国外で発生することが多いため、海外拠点との連絡体制を整備し、運用状況を点検する必要があります。

(2)　フィッシング対策、不正アクセス対策、内部不正対策

　上述のとおり、ビジネスメール詐欺については、先行インシデントとして、

フィッシングによるID・パスワードの窃取や不正アクセス等が発生している可能性があります。たとえば、Office365などのウェブベースのメールサービスを使用している場合、フィッシングにより認証情報を窃取され、送受信の履歴から取引先とのやり取りを攻撃者に把握されたり、本人になりすましたメールを送信されたりすることもあります。また、ブルートフォース攻撃（総当たり攻撃）などでメールアカウントを乗っ取られる可能性もあります。

さらに、決済金額や攻撃対象を変えて詐欺メールが繰り返し執拗に送信されている場合には、内部の関係者が関与している可能性も否定できません。内部不正対策については第3章で取り上げています。

(3) 検知の仕組み

詐欺メールの多くは、マルウェアが添付されているわけではなく不審なURLがあるわけでもないので、基本的にアンチウイルスソフトによる機械的な駆除や防御ができません。

また、正規の取引メールを偽装してつくり込まれた詐欺メールは、スパムメールや迷惑メールのフィルタで判別することも困難です。

組織に届く詐欺メールを検知して被害を未然に防ぐための技術的なアプローチとしては、フリーメールアドレスから送信されたメールに警告メッセージを出すといった機能を活用することが考えられます。そのほか、ログを適切に保存しておくことも重要です。また、業務プロセスの側面からのアプローチとしては、ビジネスメール詐欺が疑われる取引に関するメールについて、送信元の担当者名、電話番号、メールアドレス、支払先口座に関する情報などを比較・確認するためのチェックリストを作成するという手段も有効です。

(4) 送金プロセスの明確化

不正な送金を要求するメールは、受信者の心の隙を突くためのさまざまな手法が使われているものが多く、具体的には、至急の振込みが必要だとして

図表8-2　ビジネスメール詐欺に関係するメールやメッセージを見抜くための勘所

☐	定常的なメールだが、発信元メールアドレスが以前と異なる
☐	定常的なメールだが、発信された時間帯やメールの文面（言い回し等）が以前と異なる
☐	メールが営業時間終了間際や週末直前に届き、変則的な処理の要求をするよう急かす内容になっている
☐	過去に取引がない会社から初めて届いたメール
☐	メール以外の事前連絡なしに上司や幹部からメールで指示が下されている
☐	以前に送金したことのない口座への送金を要求している

出典：JPCERT/CC「ビジネスメール詐欺の実態調査報告書」

受信者を焦らせたり、上司や幹部などになりすまして受信者にプレッシャーをかけたりするケースがあります。

　こうした手口にだまされて送金してしまうことを防ぐため、社内の送金のプロセスに、客観的な立場から冷静な二次チェックができる体制を組み込んでおく必要があります。

　ビジネスメール詐欺については、送金処理をしなければ、少なくとも直接の金銭的被害を防ぐことができますので、送金プロセスでの対策の重要性は高いといえます。

(5)　研修・訓練

　ビジネスメール詐欺対策の研修・訓練においては、各従業員が当事者になりうる、つまり、ビジネスメール詐欺に巻き込まれる可能性があるとの警戒心と当事者意識を持たせることと、代表的な手口を従業員に示し、そうした手口に簡単に引っかからないために注意すべきポイントを理解させることが重要です（図表8-2）。

第9章 ウェブサイトへの 不正アクセス・改ざん

【事例8】
　X社のウェブ担当者Aは、一般の相談窓口から、「X社のウェブサイトが改ざんされている」との連絡を受けた。Aは、当該連絡を受けて調査を進めたところ、管理用のページが不正アクセスを受けており、コンテンツが改ざんされたことを確認した。また、X社のウェブサイトは、会員登録ができる仕組みになっていたが、登録された会員の個人情報が漏えいしたかどうかは不明である。

1　ウェブサイトの改ざんと情報の漏えい等

（1）　ウェブサイトへの不正アクセス

　インターネット上の多くのサービスにおいては、利用者の識別やサービスの提供のために、個人情報を入力したうえで会員登録が必要です。特にECサイトでは、決済手段としてクレジットカード情報の登録も求められる場合があります。しかし、すべてのウェブサイトが常に適切に管理されているとは限らず、脆弱性が内在したまま管理・運営されていることに起因して不正アクセス等を受け、登録されている情報を窃取されたり、当該情報を不正に利用されるといった被害につながる可能性があります。

　さらに、脆弱性の種類によっては、登録フォームを改ざんされ、正規のサイトを利用したフィッシングかのように、利用者が入力した情報が攻撃者に窃取されるといった被害が生じる可能性があります。また、プログラムを提供している正規のウェブサイトに置かれたアップデートファイル等を改ざんし、マルウェアが仕込まれるという危険性もあります。正規のサイトが改ざ

んされてしまっている場合、利用者がそれに気づくことはきわめて困難です。

　IPA「情報セキュリティ10大脅威2020」においても、ウェブサイトの脆弱性を突いたインターネット上のサービスからの個人情報の窃取は、組織の10大脅威の第8位に位置づけられています。

(2)　ウェブサイトへの攻撃手口

　まず、インターネットサービスで広く共通的に用いられるソフトウェアの脆弱性を悪用するというケースが考えられます。

　インターネット上のサービスは、複数のソフトウェアによって構築されており、これらのソフトウェアの中には、市販されている汎用のソフト（たとえば、コンテンツ・マネジメント・システム（CMS）のWordPress等）や、オープンソースソフトウェア（OSS）等が含まれます。こうした広く使われるソフトウェアの脆弱性が発見された場合、攻撃者は、その脆弱性を利用すれば多数のターゲットに対して攻撃を行うことができますので、発見された脆弱性を利用した攻撃が急速に拡大するおそれがあります。

　次に、サービスをつくり込んだ際のウェブアプリケーションの脆弱性を突かれるというケースが考えられます。たとえば、SQLインジェクション[53]への対策が十分に行われなかった場合、データベースに登録された個人情報等の重要な情報が窃取されるおそれがあります。

2　関連する法制度

(1)　サイバー犯罪

　ウェブサイトに不正アクセスを受ける場合、攻撃者に不正アクセス禁止法違反の罪が成立する可能性があり、コンテンツの改ざんやウェブサイトへの

---

53 SQLとは、データベースを操作するためのプログラミング言語のこと。SQLインジェクションは、命令文の文字列をインターネットのウェブサイトに置かれたフォームなどに直接入力することで、データベースに不正にアクセスし、情報の窃取、データベースの破壊、ウェブページの改ざんなどを行う手口をいう。

マルウェアの設置、情報漏えいがあれば、第4章で言及した各種サイバー犯罪が成立する可能性があります。

(2) ウェブアプリケーションの脆弱性に関する届出制度

ウェブアプリケーション（インターネット上のウェブサイトで稼働する固有のシステム）や、ソフトウェア製品（ソフトウェアまたはそれを組み込んだハードウェアであって、汎用性を有する製品）の脆弱性関連情報の取扱いについては、情報処理の促進に関する法律および同法施行規則の関係告示として定められた「ソフトウェア製品等の脆弱性関連情報に関する取扱規程」が、ソフトウェア製品およびウェブアプリケーションに係る脆弱性関連情報等を取り扱う際に推奨される行為等を定めています。[54]

本規程における脆弱性関連情報の届出を受け付ける機関としてIPA、脆弱性の発見者やソフトウェア製品の開発者等と協力しつつ、脆弱性対策情報の公表日の決定等の調整を担う機関としてJPCERT/CCが指定されています。

本規程に基づくウェブアプリケーションの脆弱性に関する届出のフローは以下のとおりです（この場合、IPAが受け付け、IPAにてサイト管理者と調整）。

①発見者（対象ウェブサイトの運営者を除く）は、IPAに脆弱性関連情報を届け出る。

②IPAは、届出を受理したときは、ウェブサイト運営者に脆弱性関連情報を速やかに通知するとともに、当該ウェブサイト運営者に脆弱性検証の結果の報告を求める。

③ウェブサイト運営者は、受付機関から脆弱性関連情報の通知を受けたときは、脆弱性を修正する。

(3) ウェブアプリケーションの脆弱性と開発者の責任

ウェブサイトのシステムの開発および運用保守については、自社ではなく

---

54 NISC「サイバーセキュリティ関係法令Q&Aハンドブック」Q56やIPA等「情報セキュリティ早期警戒パートナーシップガイドライン」を参照。

ベンダに委託している企業も多いと思われます。ウェブサイトの改ざん等のインシデントが発生した場合には、ベンダによる開発等に問題がなかったかどうか検討する必要があります。[*55]

　この点に関して、システム開発の業務委託契約書や発注仕様にセキュリティ対策について記述されていない場合でも、既知の代表的なセキュリティ攻撃手法（たとえばSQLインジェクション）について、行政機関が対策の必要性、および対策の具体的方法を公表している場合、これに従ったプログラムの提供をしなければシステム開発ベンダが債務不履行責任を問われるとした裁判例があります。[*56]

　ただし、ベンダ側に責任が認められるという場合でも、必ずしも全面的にベンダが責任を負うというわけではなく、開発に際しての経緯等について、発注者にも責任があるとされ、過失相殺される場合もあります。

　また、ベンダによる開発等に問題があったかどうかは、あくまで委託元と委託先ベンダの間の問題であり、ウェブサイト利用者等の外部との関係では、委託先ベンダは委託元からの依頼を受けて委託元の手足となって業務を行っているにすぎないため、対外的な責任は基本的に委託元が負うという点に留意が必要です。

　なお、システム開発とセキュリティに関しては、現在、IPAにおいて、「情報システム開発契約のセキュリティ仕様作成のためのガイドライン」の作成が検討されています。

3　ウェブサイト改ざん等への対応と予防策

　ウェブサイトへの不正アクセスや改ざん等、およびこれらに起因する情報漏えい等に関しては、基本的には第2章や第4章であげた対応のポイントと

---

55 NISC「サイバーセキュリティ関係法令Q&Aハンドブック」Q41参照。
56 東京地判平成26年1月23日判時2221号71頁。「SQLインジェクション事件」と呼ばれることも多い裁判例である。

共通します。たとえば、個人情報が漏えいしてしまった場合には、当局への報告や業法に基づく報告等の検討およびサイバー犯罪の被害者として警察に対する相談等の対応が必要となります。

　ウェブサイトへの不正アクセスや改ざんに関する固有の考慮要素としては、以下のものがあげられます。

(1)　システム開発者への対応

　上記２(3)記載のとおり、ウェブサイトに脆弱性があったことに起因して不正アクセス等を受けた場合、その脆弱性に関する調査を行い、場合によっては、ウェブサイト開発者に対して責任を問うことを検討する必要があります。よって、ウェブサイトに関するシステム等がいつ開発されたか、契約書においてどのような責任分担となっているか等を確認することとなります。

(2)　脆弱性診断

　主に再発防止、システム改善の観点から、脆弱性診断を受けることが考えられます。さまざまな企業が多様な脆弱性診断サービスを提供していますが、サービスの選定にあたっては、「情報セキュリティサービス基準適合サービスリスト」のうち、「脆弱性診断サービス」に掲載されているサービスおよび提供企業が参考になります。

(3)　セキュリティを意識したウェブサイトの構築・運用

　ウェブサイトを作成する場合、特に、個人情報を登録する仕組み等を設ける場合には、セキュリティを意識したウェブサイトを構築・運用しなければなりません。

　そのためには、サイバーセキュリティを経営問題として捉えたうえで、経営層において、ウェブサイト開発・運用のための十分な予算・体制を確保し、システム管理者において、リスクを具体的に洗い出してセキュリティ要件を決定し、セキュリティバイデザインを意識しつつセキュアなインターネット

サービスの構築を行うことが必要です。

　また、上記(2)でも言及したとおり、セキュアなサービスを提供するためには、運用を進める中で、定期的に脆弱性診断を行い、改善をはかっていくことが望ましいところです。

第**10**章 委託先の管理とサプライチェーン・リスク対策

【事例9】
　X社の情報システム担当は、インターネットを通じて情報収集を行っていた際に、X社から委託を受けてダイレクトメールの発送を行っているY社に情報漏えいの疑いがあるという情報を得た。

1　サプライチェーンの弱点を突く攻撃

（1）　サプライチェーン・リスク

　近年、サプライチェーン・リスクへの対策の重要性に注目が集まっています。サプライチェーンとは、一般的には、取引先との間の受発注、資材の調達から在庫管理、製品の配達まで、いわば事業活動の川上から川下に至るまでのモノや情報の流れのことをいいます。特定の業務を外部組織に委託している場合、当該外部組織もサプライチェーンに組み込まれることとなりますので、委託先管理は、広い意味でサプライチェーン・リスク管理の一環ということができます。[57]

　一般論として、サプライチェーンに組み込まれる中小企業は、大企業に比してサイバーセキュリティ対策が弱いため攻撃者に狙われやすい傾向にあります。業務委託先が攻撃を受け、そこを踏み台として侵入拡大がはかられ、

---

[57] その他、サイバーセキュリティに関わるサプライチェーン・リスクとしては、企業が購入して利用する情報通信機器等の開発・製造過程において、悪意ある機能（不正なプログラムを埋め込まれるなど）が組み込まれるというリスクもあげられるが、本書では割愛する。

委託元のデータが漏えいするという事案も多く発生しています。

　経営ガイドラインの指示9においても、「ビジネスパートナーや委託先等を含めたサプライチェーン全体の対策及び状況把握」として、「監査の実施や対策状況の把握を含むサイバーセキュリティ対策のPDCAについて、系列企業、サプライチェーンのビジネスパートナーやシステム管理の運用委託先等を含めた運用をさせる。システム管理等の委託について、自組織で対応する部分と外部に委託する部分で適切な切り分けをさせる。」とされています。

　今日では、ウェブサイトの運営や情報システムの開発・運用保守について外部の業者に委託するケースが多いため、委託先の管理を適切に行っていなかった場合、委託先が不正アクセス等を受けることで、委託していた個人データや機密性の高い情報が漏えいするおそれがあります。また、委託先への攻撃および情報漏えいを起点として、自社が攻撃を受ける可能性があることにも留意が必要です。

　IPA「情報セキュリティ10大脅威2020」においても、サプライチェーンの弱点を悪用した攻撃は、組織の10大脅威の第4位に位置づけられています。

（2）　サプライチェーン攻撃の要因

　サプライチェーンが攻撃を受ける要因としては、大きく以下の3つがあげられます。

①委託先組織のセキュリティ対策不足

　サプライチェーン内にセキュリティ対策を適切に実施していない委託先組織がある場合、攻撃者はその弱点を攻撃する傾向にあるため、そこから連鎖して委託元組織に被害が及ぶおそれがあります。

②委託先組織を適切に選定、管理していない

　委託元組織が委託先を選定するにあたり、セキュリティ対策の実施状況等の確認を怠ると、セキュリティ対策が不十分な組織に委託することになります。その結果、攻撃を受けるリスクが増大するとともに、委託元も選任に関する責任を問われるおそれがあります。

③再委託先や再々委託先の管理がむずかしい

多重委託が行われており、委託元から離れた組織が実際の事務を実行している場合には、行き届いた管理を行うことは困難です。

2 関連する法制度

(1) 会社法に基づく内部統制システム構築義務

第1章で述べたとおり、大会社等の取締役（会）は、会社法に基づき、内部統制システム構築義務を負い、ここには、適切なサイバーセキュリティ体制を構築することも含まれると考えられます。

会社法施行規則で定められる具体的な内容の一つに、企業集団内部統制システムがあります。内部統制システムの構築としてサイバーセキュリティ体制を整えるにあたっては、自社のみならず、グループ会社も含めた体制を考える必要があります。この点に関連して、グループガイドラインにおいても、「親会社の取締役会レベルで、子会社も含めたグループ全体、更には関連するサプライチェーンも考慮に入れたセキュリティ対策の在り方について検討されるべき」とされています。

(2) 情報の取扱いの委託

❶個人情報保護法

個人データの取扱いを委託している場合、委託元の個人情報取扱事業者は、委託先における個人データの安全管理措置が適切に講じられるように、委託先に対する必要かつ適切な監督を行う必要があります（個人情報保護法22条）。個人情報保護委員会のガイドラインによれば、具体的には、①適切な委託先の選定、②委託契約の締結、③委託先における個人データ取扱い状況の把握が必要であるとされています。

また、委託先において個人データの漏えいがあった場合、個人情報保護委員会「「個人情報の保護に関する法律についてのガイドライン」及び「個人

データの漏えい等の事案が発生した場合等の対応について」に関するQ&A」Q12-9によれば、委託先において漏えい等が発生した場合でも、委託元が最終的な責任を負うため、原則として委託元において個人情報保護委員会等へ報告するよう努める旨が記載されています。

なお、2020年改正個人情報保護法において個人情報保護委員会等への報告が義務化されることは第2章で述べたとおりですが、委託先において漏えいが発生した場合、委託先は、委託元に通知すればよいとされています。

❷不正競争防止法

同一の営業秘密を委託先等を含め複数の法人等で保有している場合に、営業秘密の要件の一つである秘密管理性をどのように判断するかについて、営業秘密管理指針は、「秘密管理性の有無は、法人（具体的には管理単位）ごとに判断され、別法人内部での情報の具体的な管理状況は、自社における秘密管理性には影響しないことが原則である。」としています。

(3) 独占禁止法・下請法

委託先管理を行うにあたっては、委託元が委託先に対してサイバーセキュリティ対策を求める場合もありますが、その際には、「私的独占の禁止及び公正取引の確保に関する法律」（独占禁止法）および下請代金支払遅延等防止法（下請法）に留意する必要があります。[58]

❶独占禁止法

独占禁止法との関係では、同法2条9項、19条および告示（昭和57年6月18日公正取引委員会告示第15号）で定められる不公正な取引方法（いわゆる「一般指定」）のうち、①その他の取引拒絶（一般指定2項）、②拘束条件付取引（一般指定12項）、③優越的地位の濫用（同法2条9項5号）が関連すると考えられます。基本的には抵触する場面は少ないと考えられますが、規定の存在は意識しておく必要があります。

---

58 NISC「サイバーセキュリティ関係法令Q&Aハンドブック」Q43参照。

❷下請法

　下請法は、親事業者の禁止行為を規定しているところ、その中でも特に、購入・利用強制（同法4条1項6号）に留意する必要があります。公正取引委員会事務総長通達「下請代金支払遅延等防止法に関する運用基準」によれば、購入・利用強制とは、「下請事業者の給付の内容を均質にし、又はその改善を図るため必要がある場合その他正当な理由がある場合を除き、自己の指定する物を強制して購入させ、又は役務を強制して利用させること」により、下請事業者にその対価を負担させることとされています。

　具体的には、サイバーセキュリティに関するソリューションについて、下請事業者が購入意思がないと表明したにもかかわらず、購入を要請したり、購入しなければ不利益な取扱いをする旨を示唆する等した場合には、購入・利用強制に該当するおそれがあります。

3　委託先でインシデントが発生した場合の対応のポイント

(1)　事実関係の把握および委託先の支援

　委託先においてインシデントが発生した場合、基本的にインシデント対応を行うのは委託先自身ですが、たとえば、委託先において情報漏えいが発生すれば、それをきっかけとして委託元である自組織が攻撃を受ける可能性がありますので、事実関係を把握し、自社に影響が及ぶかどうかを検討する必要があります。

　また、委託先自身でインシデント対応がむずかしいということであれば、支援として、専門業者（デジタルフォレンジック業者、インシデント対応支援業者）や専門機関（IPAやJPCERT/CCなど）を紹介するといった支援を行うことが考えられます。

　円滑に事実関係を把握し、また、支援を受け入れてもらうためには、日頃から委託先と良好な関係を保っておくことも重要です。

（2）　委託先との契約内容の確認

　委託先との契約内容を確認し、インシデントがあった場合に委託元へ速やかに報告するようになっているか、委託元から委託先に対して資料の提出要求や検査等を行えるようになっているか、また、漏えいが疑われる情報が秘密保持の対象になっているかどうかなど、契約に基づき委託先に対してどのようなアクションをとることができるかを確認すべきと考えられます。

（3）　企業がとるべき３つのアクション

　経済産業省サイバーセキュリティ課は、2020年６月に「昨今の産業を巡るサイバーセキュリティに係る状況の認識と、今後の取組の方向性について」と題する資料を公開しました。ここでは、企業が担うべき責任は自らのセキュリティの確保にとどまらず、サプライチェーンのセキュリティを確保する責任や、適切な管理が法令で定められている機微技術情報の管理責任などを負うとされており、①サプライチェーンを共有している企業間での高密度の情報共有、②軍事転用可能性がある技術情報（外国為替及び外国貿易法に基づく輸出管理の対象かどうかが一つの目安）の流出可能性がある場合における経済産業省への報告、③サイバー攻撃による被害が甚大で影響する範囲の特定がむずかしく、広く関係者を巻き込んでしまう可能性があり、情報共有では被害拡大の抑制をはかることがむずかしいと考えられる場合のサイバー事案の公表、という３つのアクションの方向性が提示されています。

　こうした方向性を踏まえ、2020年11月１日に、大企業や中小企業を含むサプライチェーン全体でのサイバーセキュリティ対策の推進を行うことを目的として、サプライチェーン・サイバーセキュリティ・コンソーシアム（SC3；Supply Chain Cybersecurity Consortium）が設立されました。経済産業省がオブザーバー、IPAが事務局を担い、中小企業、地域を含めたサプライチェーンのサイバーセキュリティ対策を産業界全体の活動として展開していくことが予定されています。

4　委託先の管理策

（1）　委託先の適切な選定および契約後の委託先の状況把握

　適切なセキュリティ対策を講じている委託先を選定できるような仕組みを整えておくことが考えられます。たとえば、システム管理等の委託先選定にあたっては、与信、業務体制や契約条件の各審査に加えて、セキュリティ対策状況も審査することが考えられます。

　審査方法としては、チェックリスト形式でセキュリティ対策状況を報告してもらう、自社のセキュリティ部門・部署がヒアリング・インタビュー等をする、場合によっては外部専門家に審査してもらうといった方法や、契約開始後は、契約上の監査条項に基づいて実地監査をする、委託先に対してサイバーセキュリティに関する教育・研修を実施するといった方策が考えられます。

（2）　再委託の制限

　再委託を認める場合には、委託先による再委託先の適切な監督を求めることや、委託元が委託先に対して求める水準と同等のセキュリティ水準を再委託先においても確保することを条件とすることなどが考えられます。

　また、委託先からの再委託・再々委託を何次までと制限することや、再委託にあたっては委託元による事前の承諾を要求するといった方法も考えられます。

（3）　委託先のセキュリティ対策の第三者評価

　委託先が適切なセキュリティ対策を行っていることを第三者の評価により担保するための仕組みとして、情報セキュリティマネジメントシステム（ISMS）に関する認証や、プライバシーマークを取得している企業を指標の一つとすることが考えられます。

第11章 平時からのインシデント予防策

1　平時からのインシデントへの備えの重要性

　第2章から前章まで、サイバーセキュリティに関するさまざまな類型のインシデントに沿って、関連する法制度やインシデント発生時の対策、インシデントの予防策について解説してきました。

　今日では、たとえば、標的型攻撃（第4章）とランサムウェア（第5章）を組み合わせた標的型ランサムや、身代金要求（第5章参照）とDDoS攻撃（第6章）を組み合わせたランサムDDoSなど、従来は独立していた攻撃手法が複合的に用いられており、サイバー攻撃の手法は多様化・複雑化しています。

　一方で、攻撃を受けない、またはインシデントに直面しないようにするためには、インシデントの類型やサイバー攻撃の手法を知ったうえで、個別に対策するだけでなく、さまざまなインシデントに対応できる一般的な対策を平時から適切にとっておくことも重要です。

　本章では、インシデント予防策の総括として、平時から行っておくべきサイバーセキュリティ対策を概説します。

2　インシデント予防策の基本

　サイバーセキュリティに関するインシデントについては、前章までに説明してきたようにさまざまな類型がありますが、攻撃の糸口が似ているものも

図表11-1　情報セキュリティの5要素

攻撃の糸口	対策の基本	目的
ソフトウェアの脆弱性	ソフトウェアの更新	脆弱性を解消し、攻撃によるリスクを低減する
マルウェア感染	セキュリティソフト等の利用	攻撃をブロックする
パスワード窃取	パスワード管理／認証の強化	パスワード窃取によるリスクを低減する
設定不備	設定の見直し	誤った設定を攻撃に利用されないようにする
誘導（罠にはめる）	脅威／手口を知る	手口から重要視すべき対策を理解する

多く、基本的な対策を適切に行っていれば予防できることも多くなります。

　IPAが公開する「情報セキュリティ10大脅威」においても、以下のものが「情報セキュリティ対策の基本」とされており、意識して継続的に対策を行うことで、インシデントの発生可能性を低減できると考えられます（IPAが公開する「中小企業の情報セキュリティ対策ガイドライン」付録1「情報セキュリティ5か条」（**図表11-1**）にも、同様の5要素があげられている）。

（1）　ソフトウェアの脆弱性

❶ソフトウェアを最新の状態に保つ

　パソコンやスマートフォンのOS（Windows、iOS、Android等）や、ルータなどのデバイス類のソフトウェアまたはそれを組み込んだハードウェア製品に脆弱性があると、脆弱性を利用したサイバー攻撃を受けるおそれがあります。特に、深刻な脆弱性が発見された場合、それを利用した攻撃には十分に注意しなければなりません。

　こうした脆弱性が発見された場合、ソフトウェア等の製品については、アップデートによりセキュリティパッチが適用され、脆弱性に対応するケースがほとんどですので、これらソフトウェア等を最新の状態に保つ（アップデートを速やかに行う）ことが重要です。

　ソフトウェア等によっては自動的に更新してくれる場合もありますが、そ

うでなければ、情報を定期的に確認し、パッチを当てる作業が必要です。

❷期限切れのOSに注意

サポート期限が切れてしまっているOSについては、期限後は基本的にセキュリティパッチの提供がなされなくなるため、深刻な脆弱性が発見されても基本的には是正するためのパッチ等は提供されません。OSのサポート期限切れには注意が必要です。

(2)　マルウェア感染

❶セキュリティソフトの利用

マルウェアへの対策として、アンチウイルスソフト等のセキュリティソフトウェアを利用することが考えられます。現在では、OSに備え付けられているアンチウイルスソフトの性能も高まっていますが、こうしたソフトのみですべてのマルウェアを検知できるわけではないため、そのほかのソフトウェアや対策の導入も検討が必要です。

❷メール、SMS等の利用における留意点

今日では、メールをきっかけとして発生するインシデントが非常に多くなっています。メールを閲覧して作業を行うのは基本的に「人」であり、その人の心理の隙を突いた攻撃がもっとも攻撃者にとって効率がいいのが現状である、というのがその理由の一つといえるでしょう。

こうした攻撃による被害を防ぐためには、おのおのが常日頃からサイバー攻撃に対するリスク感度を高めておく必要があります。メール、SMS利用における留意点としては、本文中のリンクをむやみにクリックしない、また、添付ファイルをむやみに開かないという初歩的な注意点は徹底しておく必要があるでしょう（詳細は第4章参照）。

(3)　パスワード窃取

❶パスワード窃取の手口

パスワードを窃取されるパターンとしては、①パスワード自体が総当たり

攻撃（ブルートフォース攻撃）できるものであったり、容易に連想できるものであったなど、パスワードとしての強度が低いため破られたというパターンと、②登録しているウェブサイトがサイバー攻撃を受ける等してIDとパスワードが流出してしまったというパターンと、それに派生して、③流出したIDとパスワードでほかのウェブサイトにも登録していたというパターン等が考えられます。

❷パスワードの強度

パスワードについては、一定程度の強度のものを利用しなければすぐに破られるおそれがあります。たとえば、パスワードを「1234」にしていたり、「password」にしていればすぐに破られることは想像にかたくないところかと思いますが、パスワードの長さについても、十分な長さがないと（たとえば、6文字程度のパスワードであれば）、今日のパソコンの性能で総当たり攻撃を仕掛ければ、一定程度の時間があれば簡単に破られてしまいます。

適切なパスワードのあり方についてはさまざまな考え方があり、ただ一つの正解があるわけではないものの、たとえば、JPCERT/CCは、安全なパスワードの条件として、以下の4つの要素をあげています。

- パスワードの文字列は、長めにする（12文字以上を推奨）
- インターネットサービスで利用できるさまざまな文字種（大小英字、数字、記号）を組み合わせると、より強固になる
- 推測されやすい単語、生年月日、数字、キーボードの配列順などの単純な文字の並びやログインIDは避ける
- 他のサービスで使用しているパスワードは使用しない

ただし、この4つの要素は、すべて必ず満たさなければならないものではありません。たとえば、2点目のように、さまざまな文字種を組み合わせることでパスワードとして一定の強度を得られますが、一方で、覚えやすさが損なわれるなどのリスクがあるため、総当たり攻撃を防ぐためには、さまざまな文字種を使うことのほか、1点目のように、文字種はシンプルであるものの文字数が多いパスワードとすることが望ましいという考え方もありま

す。この点に関して、IPA「情報漏えいを防ぐためのモバイルデバイス等設定マニュアル」によれば、アルファベット大文字小文字、数字、記号を組み合わせた8文字のパスワードより、特段限定のない12文字のパスワードのほうが解読コストは数百倍高くなるとされています。

　完全にランダムな文字列にすると、とうてい覚えられませんので、記憶が必要となる事項を少なくするために、自分の中でパスワードをつくる際の法則（たとえば、自分だけがわかる文章などをアルファベットに直していわゆる「パスフレーズ」とすることや、特定の単語を複数組み合わせたうえで、一定の規則に基づいて文字を置き換えるなど）を用いることも考えられますし、もはやパスワードを覚えない、つまり、パスワードの管理アプリ等を導入することも選択肢の一つです。

❸二段階認証、二（多）要素認証

　パスワードに加えて他のチェック機能を使うことも検討すべきです（ただし、利用できるか否かはサービスにもよる）。本人であることの認証については、大きく分けて、①自分が知っているもの（記憶）、②自分が持っているもの（所持）、③本人に関するもの（生体情報）により行われます。ここにいう「記憶」とは、パスワードやPINコードなどの自らが覚えている情報、「所持」とは、キャッシュカードやワンタイムパスワードトークンなどの自らが所持しているもの、「生体情報」は静脈や指紋、顔の情報などの身体的特徴等を指します。

　パスワードのみを用いた認証は、①に基づく認証を1度行うということになりますが、これに加え、いわゆる二段階認証や二（多）要素認証を用いるといった選択肢が考えられます。

【二段階認証】

　二段階認証とは、認証する回数を1回ではなく2回に分けて行うことをいいます。たとえば、何らかのサービスにログインするという場合に、1つ目のパスワードを入力し、そのあと2つ目のパスワードを入力する方式で、具体的には、母親の旧姓や通っていた小学校など、本人だけが知っているはず

の事項を「秘密の合言葉」として登録させる形式のものもこれにあたります（どちらも、上記①記憶に基づく認証であり、これを二段階行うこととなる）。

　当然ながら２つのパスワードが双方とも漏れてしまえば第三者に不正ログインされてしまうおそれがあります。また、秘密の合言葉形式で正直に登録してしまうことは危険な場合があります。SNSが普及して利用者も増えている今日においては、通っていた小学校などは本人がSNSでどこかで公開している可能性もあり、攻撃者がオープン情報を調べていくと答えにたどり着くおそれがあるからです。秘密の合言葉を利用する場合には、それを踏まえて利用する必要があります。

【多要素認証】

　多要素認証とは、上記①記憶、②所持、③生体情報の３種のうち複数の要素を組み合わせて認証を行うものをいい、２つを組み合わせれば二要素認証になります。

　身近な例をあげると、銀行のキャッシュカードを使った預金の引き出しについては、①キャッシュカードの暗証番号(記憶)と、②自分が保有するキャッシュカード（所持）という２つの要素を用いて認証を行っています。スマートフォンのロック解除では、②自分が保有するスマートフォン（所持）と、③自分の指紋や容貌といった身体的特徴（生体情報）を組み合わせて認証を行っているといえます[59]。

　このような多要素認証は、不正ログイン対策としては非常に有効な手段の一つではありますが、万全というわけではなく、たとえば、SMSで送信されるワンタイムパスワードごと窃取しようとするフィッシングの手口（第7章参照）も見られますので、注意が必要です。

(4)　設定不備

　たとえば、初期設定のパスワードをそのままにしていた場合には、その、

---

59 NISC「インターネットの安全・安心ハンドブック」第３章１「パスワードを守る、パスワードで守る」も参照されたい。

初期設定パスワードが広く知られている可能性がありますので、パスワードの強度としてはきわめて弱い分類のものになってしまいます。

　その他、設定不備の典型例としてあげられるのは、共有に関する設定です。データを保管するクラウドストレージサービスや、ネットワーク接続される複合機やウェブカメラ、ハードディスク等の設定を誤ったことで、無関係の者に情報がのぞき見られるケースがあります。あるいは、退職者が在職時に使用していたアカウントが消去されていなかったという設定不備によって、情報を持ち出されるケースも考えられます。

(5)　誘導（罠にはめる）

　近年のサイバー攻撃は、人の心の隙を狙うものが多く、この要素は、ある種もっとも重要ということができます。情報システムの中でもっとも脆弱なのは、それを扱う「人」である、ともよくいわれます。

　サイバー攻撃を行う攻撃者は、ありとあらゆる手段を使って人の油断を誘い、隙を突き、罠にはめようとします。このように人の心の隙を突いて情報の窃取を試みることを「ソーシャルエンジニアリング」と呼ぶこともあります。

　心の隙を突かれないようにするためには、攻撃の手口を知ることで、あらかじめ対処できるようにしておくことが大切ですが、それ以上に、サイバー攻撃の被害者となりうることを一人ひとりが認識し、サイバーセキュリティはすべての人が当事者となって維持すべきものであるという当事者意識を持つことが何より大切です。

3　平時からのインシデントへの備え

(1)　組織体制の整備

　第1章で言及したNISTのサイバーセキュリティフレームワークにおける「識別」「防御」に該当するものとして、インシデントに対応できる体制を整

NISCがサイバーセキュリティに関する普及啓発を行っていることはすでに述べたとおりですが、NISCは毎年2月1日から3月18日（サイバーの日）までを「サイバーセキュリティ月間」と位置づけ、さまざまなイベントを開いています。有名なのは、各種アニメ等とのタイアップです。この月間においては、近年、共通するキャッチフレーズとして、「サイバーセキュリティは全員参加！」を用いています。誰もが安心して情報技術の恩恵を享受するためには国民一人ひとりがセキュリティについて関心を高め、サイバーセキュリティ対策を実践する当事者として対処する必要がある、ということからできたキャッチフレーズです。

この点については2018年に政府が定めたサイバーセキュリティ戦略にも表れています。同戦略では、重要な観点の一つとして、「参加・連携・協働」を掲げており、「サイバー空間で活動する主体は、誰もが、その恩恵として新たな価値を生み出す可能性があり、内在するリスクから発生する脅威にさらされる可能性がある。このような観点から、サービスを提供する組織だけでなく、個人においても、基本的な取組を平時から行う必要がある」とされています。こちらも誰もがサイバーセキュリティ対策を行ううえでの当事者である、ということが関連しているといえます。

備しておくことが重要です。

　経営ガイドラインにおいても、経営者が責任者に指示すべき10項目の中に、リスク管理体制の整備、インシデント発生時の緊急対応体制の整備、インシデントによる被害に備えた復旧体制の整備等をあげています。

　リスク管理体制の整備について具体的な検討を行うための参考資料として、2020年9月に経営ガイドラインの付録として公開された「サイバーセキュリティ体制構築・人材確保の手引き」が参考になります。

　体制整備としては、CISOやCSIRTの設置、情報資産管理のためのリスクマネジメント体制の整備のほか、インシデントの発生に備えて、サイバーセキュリティに関するインシデントを発動トリガーとするコンティンジェンシープランや事業継続計画（BCP）を定めておくことも重要です。

【CISO】

　CISOとは、Chief Information Security Officerの略で、最高情報セキュリ

ティ責任者をいいます。

　IPA「企業のCISO等やセキュリティ対策推進に関する実態調査」報告書によれば、CISOは、情報セキュリティ全般の責任者であることが期待される立場であり、経営の視点、管理の視点、技術の視点のすべてをある程度理解したうえで業務を執行することが求められます。ただし、技術の視点といっても、CISO自身がサイバーセキュリティに関する技術の専門家である必要はなく、CISOをサポートするメンバーの中に、技術的な専門知識を有する者がいるという構成をとっている組織もあります。

　CISOに具体的に期待される役割としては、①経営層との橋渡し、②セキュリティ対策の推進・危機管理、③セキュリティ人材の育成・確保などがあげられます。現状、専任のCISOを置く企業は少なく、他の役職と兼任であるケースが多く、別の責任者（CIO等）の傘下に置かれる場合もあります。

【CSIRT】

　CSIRTとは、Computer Security Incident Response Teamの略で、サイバーセキュリティに関するインシデントに対処するための組織またはその機能をいいます。サイバーセキュリティに関するインシデントの火種が起こった場合に消火するという意味で、しばしばサイバーセキュリティに関する消防署（または消防団）に喩えられます。

　組織内に設置されるCSIRTは、CISOや経営層の直下に置かれる場合が多いですが、業務のうえで関連の深い部署（情報システム部門）に置かれる場合もあります。

　CSIRTは、インシデントの発生に備えて、組織内外とのコミュニケーションをとることが重要ですので、窓口となるPoC（Point of Contact）を設置し、日頃から関係者とコミュニケーションをとり、円滑な関係を築いておくことが重要です。

　CSIRTの役割やサービスは、組織によって異なりますが、代表的なものとしては、以下のものがあげられます。

　-インシデント事後対応サービス：インシデントハンドリング、フォレン

ジックなど

- インシデント事前対応サービス：セキュリティ関係情報収集・提供、イ
  ンシデント検知、関係部署等との連携、監査など
- セキュリティ品質向上サービス：リスク評価・分析、事業継続計画（BCP）
  作成、セキュリティ教育、トレーニング

(2) 事業継続に関する計画

インシデントの発生に備え、仮にインシデントに直面した場合であっても
事業を継続するためには、コンティンジェンシープラン（以下「CP」という）
や事業継続計画（Business Continuity Plan、以下「BCP」という）といっ
た計画を定める[60]ことが考えられます。

【CP】

インシデントの発生等に備えて事業継続を維持するためには、サイバー攻
撃の発生に対して迅速かつ適切な初動対応を実現するために、初動対応の方
針、手順等を具体的に定めたCPを整備することも重要です。

【BCP】

インシデント等の発生時の対応としては、被害や損失を最小限に抑えるた
めの手順をCPとして定めるのみならず、事業継続マネジメント（Business
Continuity Management）の考え方を取り入れたBCPを整備することも重要
です。BCPというと、天災や疫病を発動トリガーとするものが通常ですが、
サイバーセキュリティインシデントをトリガーとする計画を定めることが考
えられます。

たとえば、サイバーセキュリティ戦略本部「重要インフラにおける情報セ
キュリティ確保に係る安全基準等策定指針（第5版）改訂版」別紙3は、計
画策定時に考慮すべきサイバー攻撃リスクの特性として、以下の要素および
対応の方法をあげています。

---

60 コンティンジェンシープランとBCPの役割分担は、策定する組織によって異なると考えられる。

- 攻撃者の存在およびさまざまな攻撃目的

  〔対応〕さまざまな攻撃目的に対応したシナリオの作成
- 攻撃手口の高度化

  〔対応〕最新情報のフォロー、計画の見直し
- 急速な被害拡大のおそれ

  〔対応〕ネットワーク遮断・システム停止検討
- 執拗な攻撃のおそれ

  〔対応〕復旧中の攻撃の想定、復旧後の警戒など
- 同時多発的な攻撃のおそれ

  〔対応〕トリアージの実施など
- 検知困難な攻撃

  〔対応〕ログの保存など
- ログ等の改ざんの可能性

  〔対応〕異なる監視情報の併用など

(3) 計画の実効性確保

　上記(2)の各種計画は、インシデントが起こった場合にその被害を最小限に抑えるためにあらかじめ定めるものですが、事前に多様な計画を策定しておくことはもちろん、当該計画の実効性を高めるために訓練や演習を行っておくことも有効です。プランを定めるだけで実行できないとなると、実行できないこと自体が大きなリスクとなるからです。

(4) 検知のための事前策

　インシデントへの対処を行うためには、前提として、インシデントを検知・認識しなければなりません。前述のとおり、これに気づくことはなかなか困難ですが、早期に検知できれば、その分、インシデントによる被害を抑えつつ、先手を打って適切に対処することも可能となります。

　経営ガイドラインにおいても、経営者が指示すべき事項として、「サイバー

セキュリティリスクに対応するための保護対策（防御・検知・分析に関する対策）を実施する体制を構築させる」とされ、対策例として、重要業務を行う端末、ネットワーク、システムまたはサービスについて多層防御を実施することや、アクセスログや通信ログ等からサイバー攻撃を監視・検知する仕組みを構築すること等があげられています。

　セキュリティ関連の監視・分析を行う組織として代表的なものがSOC（Security Operation Center）です。セキュリティの監視・分析については専門的な技術が必要ですので、SOCは自社内に置くことが可能であればそうすることが望ましいものの、社内にそうした技術を有する人材がいない場合には、外部委託による監視等サービス（MSS等）を活用することも検討すべきです。

　外部委託を行う際には、どのような事業者に委託するかも重要な問題です。たとえば、情報セキュリティサービス基準適合サービスリストのうち、「セキュリティ監視・運用サービス」に掲載されている事業者およびサービスを参考とすることが選択肢の一つとしてあげられます。

　また、検知ができるような組織風土をつくることも欠かせません。たとえば、従業員が使用している端末がマルウェアに感染してしまった場合に、従業員を責めるような組織風土があると、マルウェアに感染しても、処分等を恐れて報告をあえて行わず、それによりむしろ被害が拡大するおそれがあります。マルウェアに感染した場合に速やかに対応部署に報告してもらえるような組織づくりが必要です。

(5)　情報共有体制への参画・情報収集等

　サイバーセキュリティの確保は、本来、おのおのの組織において自主的に取り組むべきものですが、近年のサイバー攻撃の複雑化・巧妙化の傾向からすると、一組織の対応では限界があります。また、サイバー攻撃は、同様の手口で複数の客体を対象とするケースが多いため、一つのサイバー攻撃により被害を受けた組織等から迅速な情報共有が行われなければ、同様の手口に

よるサイバー攻撃の被害が拡大するおそれがあります。そこで、近年では、サイバーセキュリティに関する情報共有が活発化しており、経営ガイドラインにおいても、経営者が責任者に指示すべき10項目の一つとして「情報共有活動への参加を通じた攻撃情報の入手とその有効活用および提供」があげられています。[61]

サイバーセキュリティに関する情報共有体制の代表例として、以下のものがあげられます。

【サイバーセキュリティ協議会】

基本法の平成30年改正により組織された法定の情報共有体制であり、NISCおよびJPCERT/CCが事務局を務めています。

2020年7月現在、225の主体が参加しており、同協議会は、既存の情報共有体制の活動を補完し、これらと有機的に連携しつつ、従来の枠を超えた情報共有・連携体制を構築していくことを目標として掲げています。

【CISTA】（Collective Intelligence Station for Trusted Advocates）

JPCERT/CCは、国民の社会活動に大きな影響を与えるインフラ、サービスおよびプロダクトなどを提供している組織におけるセキュリティ関連部署または組織内CSIRTに向けて、セキュリティに関する脅威情報やそれらの分析・対策情報について、ポータルサイトCISTAを通じて早期警戒情報として提供しています。

【J-CSIP】

IPAは、2011年にサイバー情報共有イニシアティブ「J-CSIP」を発足させ、重工や重電等、重要インフラで利用される機器の製造業者を中心に、標的型攻撃（特定の組織や情報を狙って、機密情報や知的財産、アカウント情報（ID、パスワード）などを窃取、または組織等のシステムを破壊・妨害しようとする攻撃のこと）等のサイバー攻撃に関する情報共有を実施しています。

【ISAC】

民間の各業界において、自主的な情報共有を行う組織である「ISAC」

---

61 NISC「サイバーセキュリティ関係法令Q&Aハンドブック」Q49参照。

（Information Sharing and Analysis Center）が増加し、また、活動が活発化しています。主要なISACとして、ICT-ISAC、金融ISAC、電力ISAC等をあげることができます。

増島雅和（ますじま・まさかず）
森・濱田松本法律事務所パートナー弁護士（日本法およびNY州法）。2000年
東京大学法学部卒業、06年コロンビア大学ロースクール修了。Wilson
Sonsini Goodrich & Rosati法律事務所にて執務（〜07年）。10〜12年金融庁
監督局保険課および同局銀行第一課に出向。15年IMF外部顧問。著書『暗号
資産の法律』ほか

蔦　大輔（つた・だいすけ）
森・濱田松本法律事務所弁護士。2007年京都大学法学部卒業、09年神戸大学
法科大学院修了。弁護士を経て14年財務省近畿財務局法務監査官。15年総務
省情報公開・個人情報保護推進室副管理官、17年内閣官房内閣サイバーセキュ
リティセンター上席サイバーセキュリティ分析官。同センター『サイバーセ
キュリティ関係法令Q&Aハンドブック』のドラフト編著を担当

事例に学ぶサイバーセキュリティ
ー多様化する脅威への対策と法務対応

著者◆
増島雅和、蔦大輔

発行◆2020年12月10日 第1刷

発行者◆
輪島　忍

発行所◆
経団連出版
〒100-8187 東京都千代田区大手町1-3-2
経団連事業サービス
電話◆[編集]03-6741-0045 [販売]03-6741-0043

印刷所◆平河工業社